China Thomas

MI VIDA UNA MENTIRA

Cómo aprendí a manejar el engaño en la vida y en las relaciones de pareja

PRIMERA EDICIÓN
MIAMI 2022

Derechos Reservados

TÍTULO DEL LIBRO:
MI VIDA, UNA MENTIRA
*Cómo aprendí a manejar el engaño en la vida
y en las relaciones de pareja*

AUTORA:
China Thomas
chinathomas2022@gmail.com

PORTADA:
Luis Manuel Vásquez

PRODUCCIÓN GENERAL:
Ediciones De La Parra

ISBN: 9798831751826

ADVERTENCIA

"Los personajes y hechos contenidos en esta obra pretenden relatar acontecimientos reales. Algunos nombres y hechos han sido cambiados con el fin de proteger a las personas involucradas".

ÍNDICE

PRÓLOGO

Desde hace muchísimo tiempo, tuve la idea de escribir sobre mi vida, siempre tuve muy buena memoria de eventos, no de nombres, no de fechas, pero recuerdo muchas anécdotas, situaciones y fases de mi vida como si las hubiese vivido ayer.

Cuando me sentaba con amigas en fiestas o reuniones, o cuando nos visitábamos y empezábamos a echarnos los cuentos, muchas veces me decían, "China, tienes que escribir un libro, ¡te harías famosa!" Yo siempre me reía. ¡Ja, ja, ja, ja!

Ya después de mi divorcio y con mucho más tiempo libre, con mis hijos ya adultos y cada uno andando con sus vidas, se me ocurrió que ya era hora de escribir y de no solo contar mi vida sino también hablar sobre las lecciones aprendidas.

Al final decidí contar mi historia como si fuese una novela o el guion de una película, porque realmente, al mirar hacia atrás, mi vida podría plasmarse en una película, no precisamente de terror, pero sí con muchas intrigas, misterios y mentiras.

Debo admitir que, como psicóloga y principalmente como mujer, el tema de las mentiras y cómo estas pueden afectarnos siempre me ha interesado profundamente. No solo porque estas han sido algo recurrente en mi vida sino también en la de muchas personas que he conocido y tratado. Esto me motivó a dividir este libro en tres partes específicas:

La primera parte se centra en el problema de las mentiras en las relaciones de pareja y cómo yo, al igual que incontables mujeres en todo el mundo, hemos sido víctimas de parejas tóxicas capaces de engañarnos y abusar de nuestra confianza sin que siquiera nos demos cuenta. A tal efecto, te contaré parte de mi historia y cómo logré enfrentar y superar este problema.

La segunda parte del libro trata sobre aquellas mentiras que no tienen que ver con la vida de pareja o sentimental pero que también pueden afectarnos y cómo descubrí que siempre había sido víctima del engaño sin tan siquiera sospecharlo.

Y la tercera y última parte sirve para presentarte las lecciones que he logrado aprender a lo largo de mi existencia, incluyendo valiosos consejos y recomendaciones para ayudarte en caso de que seas víctima del engaño y la mentira y desees superar tu situación y labrar un mejor futuro.

Espero que estas páginas te sirvan para que puedas aprender de mi experiencia, especialmente si has sido víctima de las mentiras, el engaño y la humillación, brindándote las herramientas para que finalmente tomes el control de tu vida, dejes de ser una víctima y comiences a modelar tu propio futuro.

En el fondo, he querido demostrar que todas podemos ser muy felices, como lo he sido yo, porque a pesar de todo lo negativo que me ha tocado vivir, al final siempre he tenido todo lo que he deseado y más, tanto en lo emocional y material, como en todo lo que me he propuesto a nivel personal.

En fin, con la publicación de este libro, espero poder aconsejar a tantas mujeres que quizás hayan vivido historias similares a la mía y ayudarlas con mis experiencias, para que se den cuenta de que no están solas, que todo el mundo tiene buenas y malas épocas, pero también muchas cosas por las que vivir, por lo que siempre es necesaria la idea de crecer ante la adversidad y reinventarse como persona.

Te invito a leerlo con una mente abierta y a hacer lo necesario para que avances siempre hacia adelante, sin miedos ni complejos, porque al final de todo, conseguir la felicidad es y será siempre lo más importante.

Por último, solo me resta decir que tuve unos padres maravillosos, que me quisieron con el alma, así como dos adorables hijos, los mejores en todo, que me han dado grandes satisfacciones y me las siguen dando, que me demuestran su amor día a día. Me dieron adicionalmente tres hermosos nietos y ambos están felizmente casados. Gracias a ellos y por ellos siempre tuve que ser fuerte y demostrar que la dignidad es el principio fundamental para sentirse bien con uno mismo, cosa que les he demostrado a ellos y al mundo con creces.

China Thomas

EL DÍA DE LA SORPRESA

Sucedió el 14 de enero de 2008. Estábamos recién mudados a nuestra nueva casa y tuve que hacer un viaje de 10 días con un familiar a New Orleans.

Al culminar el viaje, regresé a Caracas y apenas entré a casa, mi hijo me detuvo en toda la puerta y me dijo:

—Siéntate, mamá, que te tengo que contar algo.

Sonreí sin sospechar que mi vida estaba a punto de cambiar para siempre.

—¿Qué será? —le pregunté inocentemente:

—Siéntate, mamá —me insistió.

—No quiero sentarme, dime que pasa, ¡¡¡cuéntamelo pues!!!

Michael me agarró la mano y me dijo, lentamente:

—Papá tiene una querida.

Las piernas me fallaron y, cual novela mexicana, me caí redonda al piso, como un plomo.

Michael enseguida me agarró por el antebrazo, me levantó y me llevo hasta un banco cercano donde me sentó.

Yo estaba en shock.

Ni lloraba, ni reía, ni nada. Simplemente no podía creer lo que estaba escuchando. Yo solo quería saber cómo se había enterado.

—¿Cómo lo sabes? —le pregunté desconcertada— ¿Es un chisme? ¿Quién te lo dijo? ¿Será cierto? ¿O será un error?

—No, mamá. No es ningún error. Lo escuché hablando con alguien diciendo 'yo quiero a esa mujer más que a nadie en este mundo, pero no puedo dejar a la China'.

Michael me dijo que él al principio pensó, "bueno, como muchos hombres, mi papá tiene una novia. Es común". Pero lo que más le impactó fue que su papá dijera que podía querer a alguien más que a mí.

Para poner en contexto su conducta, debo aclarar que Michael es el hijo varón que todas las madres sueñan tener: inteligente, muy apegado a mí desde niño, cariñoso, espléndido, muy buen amigo, leal, honesto, con un carácter explosivo, muy claro en sus convicciones, guapísimo, alto, rubio, ojos verdes, jugador de basketball.

Aunque en ese entonces ya era abogado, mi hijo todavía era muy joven, no tenía un bufete propio ni estaba dedicado como ahora a los negocios que él mismo ha emprendido en el exterior y en Venezuela. Hoy en día se encuentra casado, feliz y tiene una hija preciosa, muy inteligente y coquetísima. Además de haberme apoyado incondicionalmente, en todas mis decisiones, siempre ha sido un trabajador incansable y sigue en la búsqueda constante de nuevos proyectos para lograr todas las metas posibles y las imposibles también.

Por supuesto, no he podido olvidar el momento en el que mi hijo me contó sobre aquella conversación telefónica de su padre.

¿Mujeres? ¿Queridas? ¡Aquello no podía ser! Yo no lograba salir de mi asombro. Aquel hombre que siempre había parecido ser el esposo perfecto, era todo un mentiroso. ¡Qué difícil de creer!

Iván nunca fue el típico esposo, ni mandón o entrometido en el rol de la mujer, por eso creo que jamás tuvimos roces de ningún tipo. Él, en su terreno de hombre trabajador y yo en el mío de esposa, madre, ama de casa y profesional, cada uno gobernaba su territorio, eso siempre me encanto.

En cuanto a su forma de ser, no era para nada simpático con extraños, tampoco era muy social, más bien diría que tenía un humor negro muy especial, a mí me hacía mucha gracia y a mis amigas les parecía insoportable y extraño.

En ese momento me vino a la mente algo que yo le había dicho a Iván hacía 28 años, el día en que nos casamos, después de casi siete años de amores.

Estábamos saliendo de la Iglesia de Las Mercedes, donde se celebró nuestro matrimonio, e íbamos camino a la fiesta en el carro de novios, que mi cuñado Ignacio manejaba. Entonces, miré a Iván a los ojos y le dije son mucha seriedad:

"Nos estamos casando queriéndonos y nos podemos divorciar odiándonos. No me gustaría que eso sucediera en nuestro caso. Así que el día que tú sientas que me dejas de querer dímelo, que yo lo voy a poder entender y hasta ahí llegamos."

Él se me quedó viendo antes de contestar con una sonrisa:

—Eso nunca sucederá, China.

Es increíble. Yo apenas era una niña de 23 años y ya sabía que las personas cambiamos con la edad y que podemos crecer en direcciones distintas, o simplemente cambiar de forma de pensar o de gustos. Y todavía pienso que eso es así.

En realidad, a pesar de mi juventud, yo ya sabía que nadie, solo por el hecho de estar casado, debe estar encadenado a esa persona para siempre, ni mucho menos debe tener que vivir una vida desgraciada o mantener diferentes relaciones fuera del matrimonio, como llegaría a ser mi caso.

Yo estaba muy clara cuando me casé. Sabía que en algunos casos el matrimonio no era para siempre. Pero jamás pensé que después de tantos años de matrimonio tuviera que enfrentar aquello. Sí, aquello fue doloroso. Sin embargo, ¡nunca imaginé que tan solo era un pequeño adelanto de lo que me esperaba!

LA DECISIÓN

En ese momento yo seguía en shock. Sin poder evitarlo, las palabras que Michael había escuchado retumbaban una y otra vez en mi cabeza:

"Yo quiero a esa mujer más que a nadie en este mundo, pero no puedo dejar a la China".

¡¿La quiere más que a nadie en el mundo?!

Yo no podía entender por qué me estaba pasando eso a mí. ¿Por qué a mí si yo pensaba que no me lo merecía? ¿Por qué a mí si yo lo quería, lo complacía y me encantaba ser la esposa perfecta? ¿Por qué a mí si yo siempre había sido la buena esposa?

En aquel momento sentí que el mundo se me acababa. Hasta ese momento yo había vivido en función de ser madre, ser ama de casa, trabajadora, siempre trabajaba, pero para ganar y comprar vicios, pero no para mantener a nadie y mi esposo siembre había sido muy importante en mi vida y en la de mis hijos. ¿Y ahora qué?

Por supuesto. Apenas lo supe, sentí la urgencia de dejarlo. Sin embargo, antes de tomar un paso tan determinante, yo debía corroborarlo. Debía estar segura.

Ese día evité tocar el tema con Iván. Pensé que sería lo mejor. Después de todo, todavía no estaba 100 % segura de nada, o de cómo proceder, así que, en vez de abordarlo directamente, decidí esperar hasta que se aclarara más el panorama.

Esa noche, cuando mi esposo se durmió, le pedí a mi hijo que revisara su celular y su computadora. ¡Dios mío! No te imaginas todo lo que encontramos: pornografía, mensajes de texto íntimos, contactos de diferentes mujeres y todo tipo de evidencias que corroboraban que el señor con el que yo estaba casada vivía una doble vida.

Aquello era inaceptable.

Sin pensarlo dos veces, el siguiente día me desperté al amanecer, más temprano que él. Eso ya era bastante porque él siempre fue super madrugador. Apenas se despertó lo increpé y, cuando le dije que yo ya sabía que él tenía una amante, ¡se puso verde!

Su primera reacción fue preguntarme que de dónde yo había sacado eso y que quienquiera que me hubiera dicho eso solo pretendía hacernos daño a base de mentiras.

—Está bien —le dije—. Veamos qué es verdad y qué es mentira. Hay una forma muy simple de saberlo. Tráeme tu celular y déjame verlo.

Al verse descubierto, me preguntó que quién era yo para revisarle su celular. Yo, muy tranquila, simplemente le contesté:

—Solo soy, escúchame bien, la señora que ha estado contigo los últimos 35 años. Solo eso.

Entonces le dije que evidentemente todo era cierto y que, en ese caso, no había nada que hacer, que nuestro matrimonio había terminado, que no lo quería ni un día más en la casa y que tenía que marcharse de inmediato, que le prepararía las maletas y que volviera a las 5 pm a ver que explicación le daría a Michael de su partida.

Con la excusa de que debía ir a trabajar y se le estaba haciendo tarde, enseguida se marchó a su oficina. La verdad es que ese día no volvimos a hablar hasta que regresó a casa, alrededor de las 5 de la tarde.

Apenas llegó, en la base de la escalera de la entrada de la casa me pidió que, por favor, no botara por la ventana nuestro matrimonio de tantos años, a lo que le contesté:

—No fui yo quien lo tiró por la ventana, ¡tú solito lo hiciste!

Al escucharnos, mi hijo se acercó y los tres entramos a nuestra habitación. Después de sentarnos, nosotros en el sofá y mi hijo en el borde de la cama, Iván le dijo que tenía algo que contarle, que nosotros teníamos algunos problemas y que habíamos decidido separarnos porque existía un desamor.

Tras oír la palabra desamor, mi hijo, quien estaba sentado frente a él, se puso como un león, se lanzó contra su padre y se le fue al cuello.

Lo que vino después fue muy desagradable.

Mi hijo le gritaba: "¿Desamor? ¿Desamor? ¡Tú lo que eres es un hipócrita! ¡¡Hay que tener bolas para decir que tienes un desamor!!"

Recuerdo la escena con horror, se gritaron, se insultaron, se pelearon fue lo peor que he podido presenciar en toda mi vida, ya que no estábamos acostumbrados ni siquiera a levantarnos la voz en casa, donde siempre reinó la armonía y la paz.

Por supuesto, lo que ese día presencié jamás lo hubiese imaginado ni en mis peores pesadillas. Fue una verdadera lástima...

A partir de ese día, como consecuencia, mi hijo perdió a su padre por solidaridad conmigo y yo perdí a un esposo al que consideraba perfecto, mientras que mi hija Priscila, quien estaba ausente, ya que estudiaba en el exterior, al enterarse no salía de su asombro.

Mi hija Priscila siempre ha sido un ser muy especial. De cabellos rubios rojizos, ojos de color verde, piel muy blanca y muy delgada, ella se caracteriza por ser muy buena persona, excelente hija y madre, muy madura para su edad, cariñosa, aplomada, buena amiga, muy estudiosa, (tiene en su haber dos carreras universitarias, más dos posgrados y está terminando su PHD). Además es una trabajadora incansable, el cielo es su límite. ¡Imposible haber tenido una hija mejor!

Se vino a estudiar a Estados Unidos a los 16 años y nunca quiso regresar a Caracas, ha hecho su vida en Miami, se casó, es feliz y me dio dos nietos maravillosos, un niño y una niña.

Psicóloga de profesión como yo, trabajó durante muchos años dando servicio de analista de niños especiales y ahora es directora en el área de *behavior* de un consorcio que se dedica al área de ayuda a niños con problemas de conducta.

Volviendo a mí, solo puedo decir que el día que me enteré que Iván tenía una amante decidí dejarlo y en ese momento él murió para mí.

Por supuesto, mucha gente piensa que el hecho de haber terminado de un día para otro con una relación de tantos años fue una verdadera locura. Algunas personas me han dicho que fui demasiado estricta, otras que he debido ser más paciente, que actué de forma apresurada y que soy muy diferente al resto de las mujeres "normales". ¡Hasta mis hijos me comparan hasta el sol de hoy con Hitler! ¡Eso me hace mucha gracia!

Sin embargo, para poder entender por qué reaccioné así, es necesario que primero te cuente un poco sobre quién soy yo y recordarte que todas las personas en esencia somos seres bio-psico-sociales. ¿Qué quiere decir esto? Que somos el resultado de nuestra genética, de nuestro medio y de las influencias sociales de nuestro ambiente o entorno. Entonces, dependiendo de todas estas influencias, somos quienes somos, forjamos nuestro carácter y nuestra forma de ser.

En mi caso, la manera en la que respondí al descubrir que Iván tenía una querida se la debo a mi crianza y a las enseñanzas que recibí de parte de dos padres maravillosos que, con todo el amor del mundo, hicieron lo mejor que pudieron para educarme, darme una identidad y brindarme la mayor confianza en mí misma, además de otorgarme todas las herramientas para convertirme en una profesional y poder llegar a hacer lo que más me gustara. Ellos siempre me decían que "de lo que hagas, trata de hacer lo mejor que se pueda". Me enseñaron cómo reaccionar ante la adversidad y me dijeron cómo tenía que actuar ante el individuo violento, ante el embustero, ante el ladrón, ante el minusválido. También me enseñaron a tener dignidad sobre todas las cosas, para que no tuviese que aguantar nada ni a nadie que me hiciese daño o que me menospreciara. Y en caso de que esto sucediera, que a la vez entendiera que aquello que hicieran las demás personas no era mi culpa ni dependía de mí, que hay gente buena y mala y que tenía que aprender a lidiar con perspectiva y sobre todo con tranquilidad. Ellos me educaron para enfrentar la adversidad y me explicaron que la venganza es un plato que se come frío. ¡Increíble, pero así fue! ¡Es como si de alguna manera hubieran sabido de antemano cuál sería mi destino final!

Tal vez te preguntes "¿cómo es posible que esta señora, después de 35 años juntos, pudo separarse de su esposo, tomó la decisión de dejarlo en unas pocas horas, después de hablarlo con su hijo, solo porque descubrió que tenía una querida y logró rehacer su vida así de fácil?" Pues, la respuesta es muy simple: Sí, así fue, para mí tomar aquella decisión fue sumamente fácil y lógica. Sin embargo, lo que no pude evitar fue la inmensa tristeza que después sentí, la cual solo puedo describir como una tristeza infinita.

Por supuesto que, por más convencida y preparada que estaba, al terminar con mi matrimonio después de tantos años por supuesto que me tocó sufrir… ¡y mucho! Después de todo, yo no era de hierro ni de hielo y todos en este mundo, de una manera u otra, somos sensibles a la frustración, el dolor y la traición.

Tal vez tú hubieras reaccionado diferente. Sin embargo, yo no pude reaccionar de otra manera al enterarme que mi marido tenía una querida y que la amaba más que a mí. Aquello me dolió tanto que no lo pude evitar. Así que después de pensar, pensar y pensar llegué a la conclusión de que si aquello era verdad, como de hecho lo era, entonces ya no había más nada que hacer, ni preguntar ni investigar. Y eso fue exactamente lo que hice. Realmente ya no me interesaba continuar y nunca pedí explicaciones del porqué. Simplemente lo nuestro se acabó y se acabó. Punto final.

Debo decir que después de tomar aquella decisión, varias de mis amigas más cercanas me tacharon de loca y dijeron que ellas jamás hubieran reaccionado de la misma manera. Sin embargo, yo no tuve opción. Reaccioné de la única manera en la que pude hacerlo, aunque admito que acabar con mi matrimonio no fue nada fácil. Pero más difícil hubiera sido continuar con la farsa y permitir que Iván me siguiera haciendo daño. De hecho, nadie debe permitir que su pareja le haga ese tipo de daño. Eso jamás. Es preferible romper con la relación, aunque nos duela. Y eso es algo que debemos decidir a solas y a conciencia para después no arrepentirnos jamás.

En fin, aunque fui tan criticada por aquella decisión, no di marcha atrás. ¡Y eso que en aquellos momentos todavía no me había enterado ni de la mitad de las barbaridades y cochinadas de las que luego me enteré!

Por supuesto, en aquel entonces yo no sospechaba la verdad. El hecho de descubrir su infidelidad fue tan solo un pequeño adelanto o preludio de todo lo que aún me quedaba por descubrir.

Ahora me consta que mientras estuvimos casados, Iván no solo tuvo una amante, sino que llegó a tener varias a la vez, que tuvo una hija ilegítima con una de sus queridas y que con otra llegó a montar un prostíbulo, además de haber estado involucrado en negocios de los que nunca me habló.

Como veremos, todas estas atrocidades y mentiras no solo aumentaron mi asombro y mi rechazo hacia él, sino que además evidenciaron que en todos esos años yo había vivido bajo la sombra de una inmensa falsedad y que mi esposo, tan querido hasta entonces, tenía una doble o triple vida, perfectamente estructurada con varias mujeres a la vez.

LA GRAN MENTIRA

Varios meses después de nuestra separación, cuatro para ser exactos, la mamá de Iván me llamó por teléfono y me dijo que ella pensaba que su hijo todavía me quería, que lo sentía arrepentido y que al menos lo acompañara al psicólogo por el bien de todos, que habían sido muchos años buenos y que, por favor, le diera una oportunidad. No sé cómo, pero ella logró convencerme y terminé diciéndole que, aunque no le prometía nada, al menos lo acompañaría a ver al psicólogo.

Sin embargo, jamás imaginé que, justo el día antes de asistir a nuestra primera sesión, sucedería algo que estaba destinado a sacudir, como nunca, los cimientos de mi vida familiar, destruyendo para siempre toda posibilidad de reencuentro o reconciliación con él.

Aquel día mi hijo me informó que había hecho otro importante descubrimiento y que mi esposo, además de una amante, mantenía a mis espaldas una empresa de la que nunca me había hablado, con empleados, local comercial y demás hierbas que resultó ser un centro de masajes, burdel o prostíbulo, como sea que prefieran llamarlo. Por supuesto, aquello dio inicio a un nuevo e inesperado capítulo en mi vida.

Iván siempre había sido muy reservado en la parte económica. Yo no le preguntaba al respecto porque realmente nunca nos faltó nada. Tenía de todo y más, igual que mis hijos. Él mantenía la casa y yo siempre pagué los gastos extras con mis ingresos, los viajes, vacaciones, carros, fiestas. Me encantaba tener la casa llena y había siempre dinero para el disfrute.

Ese fue mi gran error, no preguntar. Confiaba tanto que este hombre hizo y deshizo a su antojo. Hasta me vendió una propiedad regalo de mi padre con la excusa de que la volvería a comprar más adelante ya que el condominio se pagaba en dólares, y yo como buena esposa obediente dejé que lo hiciera.

La verdad es que cada vez que pienso lo que le dejé hacer sin intervenir en la parte económica, me convenzo más de la expresión que mi mamá sabiamente me repetía y yo me negué a entender, 'al hombre se le da el codo, pero no todo'. También me decía nunca confíes en nadie totalmente, una pena que yo si confié.

Después de enterarme de todo aquello, por mucho tiempo tuve pesadillas con burdeles o en las que mataba gente, y me levantaba atormentada, pensando cómo me podía haber pasado todo aquello con la persona que yo más quería y en la que más confiaba en este mundo, aparte, por supuesto, de mis dos hijos.

Después de haber compartido con Iván desde mi adolescencia y de haberlo visto representar tan bien el papel del padre y esposo abnegado y perfecto durante tantos años, yo no podía creer que en el fondo había resultado ser un degenerado capaz de poner a jovencitas a trabajar como prostitutas para él y de tener queridas tan jóvenes que podían ser sus propias hijas.

En ese momento, la decepción pudo más que todo lo bueno que hubiésemos podido tener, así que terminé enterrándolo para siempre y jamás me he arrepentido de haberlo hecho.

Por fortuna, aquello me enseñó una valiosa lección y es que todo lo negativo que nos toca vivir no es más que una oportunidad para crecer y que cada vez que en nuestras vidas una puerta se cierra, otra siempre se abre.

Aquello me permitió entender por qué Iván nunca se había ido de la casa. Y es que ese señor estaba muy cómodo en su fingido matrimonio. Tenía una casa bella, una esposa contenta y presentable, que jamás lo perseguía ni atosigaba, que además le tenía una confianza extrema y le servía de fachada para verse ante el mundo como el esposo y padre ideal, con unos hijos maravillosos de los que aseguraba estar muy orgulloso.

Solo puedo decir que un ser como el que me tocó, que siempre fingió ser quien no era: decente, trabajador, y que siempre que tenía la oportunidad pregonaba un amor y una fidelidad que ni quería ni sentía, a mi forma de ver es despreciable. ¿Por qué lo digo? Porque no solo logró engañarme durante toda una vida a pesar de haber sido su esposa y fiel compañera, sino también a nuestros hijos, así como al resto de nuestros familiares y amigos

Nos falló, más que nada, como persona. No solo por haberme traicionado sino por todo lo que implica el hecho de haber montado un burdel y manejarse con prostitutas, manteniendo a nuestras espaldas quién sabe cuántas otras actividades ilegales y deplorables. En fin, Iván ya no era el hombre con el que me había casado tantos años atrás. Se había vuelto tramposo, mentiroso y manipulador. Y eso es algo que simplemente yo no pude tolerar.

Sé que muchas personas han pasado o actualmente pasan por situaciones similares y que para muchos la infidelidad y la mentira han pasado a ser algo normal en el mundo de hoy. También me consta que lo primero que piensan los ignorantes, así como la gran mayoría de personas, sin importar su género, es:

"Bueno, seguramente su esposo o esposa terminó buscando en la calle aquello que no conseguía en su casa". Pero no se imaginan cuántas veces me he reído de tal expresión.

Que yo sepa, la gente decente y honrada no busca nada en la calle. Y si lo quisiera hacer por alguna razón, simplemente se comunica y lo habla con su pareja con el fin de intentar llegar a un punto de encuentro o decidir separarse. Eso, a mi juicio, sería lo más sano, decente y correcto.

Por mi parte, ni en mis peores pesadillas llegué a imaginar que aquello llegaría a sucederme. Y lo peor fue que las sorpresas siguieron llegando…

QUIÉN SOY YO

En este punto de mi relato quiero hacer un alto para aclarar que, en líneas generales y al igual que muchas otras niñas de mi edad, en esencia mis padres me criaron para el matrimonio.

Cabe decir que yo me crie en las décadas de los sesenta y setenta, cuando el rol de la mujer todavía estaba mayormente regido por la tradición. Mucho más en mi caso, siendo hija de padres extremadamente conservadores.

De hecho, en mi casa lo que se esperaba de mí era que algún día me casara y tuviera hijos. Por algo mi mamá siempre repetía frases como "cuando seas grande tendrás un novio", "los novios son para casarse" y "es importante tener un solo novio", entre otras expresiones similares.

Yo viví mi infancia en Caracas, mi ciudad natal, y guardo muy bonitos recuerdos de aquella época. Te imaginarás que siendo hija única mis padres me mimaron de niña hasta decir basta. Yo a ellos siempre los he tenido en muy alta estima. Ellos eran muy bien educados, muy familiares, cariñosos y espléndidos, así como de fuertes principios morales. Ambos eran emigrantes españoles que a finales de los años cuarenta, en 1948 para ser exactos, hicieron de Venezuela su nuevo hogar. Mi mamá tenía 26 años y mi papá 35 cuando llegaron a mi país natal.

Papá era contador público y trabajaba en la prestigiosa Corporación Venezolana de Guayana (CVG) cuyas oficinas en Caracas quedaban en Chuao. Era un hombre alto, de 1,80 metros de altura, con bigotes cortos, de muy buen porte, delgado, algo atlético, de rostro alargado y cabellos muy blancos. Se cuidaba mucho, caminaba dos horas diarias y era metódico y muy estricto con los horarios. Tomaba su cafecito en las tardes y sus dulces y helados riquísimos todos los días.

Hablaba lento, muy lento, pausado, no era nervioso, muy descriptivo o detallista al hablar y contar sus cosas, muy educado, afectivo, pendiente de complacer siempre. Yo lo admiraba tanto, muy leído y culto.

A mi papá, por su forma de ser yo le decía que parecía un Lord inglés, siempre impecable y educado, lo extrañaré siempre. Era muy querido en su trabajo y respetado por familiares y amigos, jamás lo vi discutir con nadie. Era un señor en todo el sentido de la palabra, una persona intachable que producía paz al solo escucharla.

Mamá había sido modista de alta costura en España y al llegar a Venezuela trabajó en una tienda de decoración llamada El Escorial, ubicada al final de la Avenida Casanova. No era alta, medía 1,58 metros, era algo rellena, muy atractiva en su juventud y de muy buena figura, cabellos cortos, blancos y muy lisos.

Era de carácter muy fuerte, mandona pero muy servicial. Muy amable, aunque muy explosiva. Sincera hasta la grosería, decía siempre lo que pensaba sin pensar en el daño que podía causar y daba la vida por todos lo que la necesitaran, exageradamente espléndida y amaba a mi hijo Michael más que a nadie en este mundo.

Nunca la entendí cuando yo era joven. Discutíamos mucho por nuestras grandes diferencias de carácter, pero ahora, al yo ser mayor, recuerdo mucho sus enseñanzas y entiendo cuánta razón tenía en tantas cosas.

En ocasiones sentía que me regañaba mucho ¡y yo hasta miedo le tenía! Claro, años después entendí que ella no lo hacía porque no me quería, sino simplemente porque, así como la criaron a ella, ella me había criado a mí.

Como yo era niña, no entendía de dónde salía tanta bravura, era muy estricta en todo, yo siempre me refugiaba en mi papá, quien siempre conciliaba y evitaba que ella me regañara o me castigara. Ahora entiendo que ella en realidad, me quería muchísimo y que, por ese exceso de amor, quería que yo fuese perfecta.

Otro detalle que quiero mencionar es que mis padres ya eran algo mayores cuando yo nací. Ella tenía 36 y él 45. Recuerdo que cuando yo tenía solo 6 años y estaba en el colegio en el retiro de mi primera comunión un día mi papá llegó a buscarme y una de mis amiguitas me gritó muy seria:

—Chinita, ¡ahí está tu abuelito buscándote!

Yo giré la cabeza sin saber a qué se refería porque yo no tenía abuelo y solo tenía una abuela viva. Para mi sorpresa, ella se refería a mi papá. En ese momento, él ya tenía 51 años y tenía el cabello totalmente blanco.

Eso me marcó, porque por primera vez en mi vida caí en cuenta de lo viejo que se veía mi papá en comparación con los de las demás compañeras del colegio. Antes de eso, yo nunca había caído en cuenta de ese detalle.

Cuando me monté en el carro, él, que había escuchado a mi amiguita, se veía triste y me dijo con su característica dulzura:

—¿Sabes, Chatita? A la gente, cuando es grande, se le pone el pelo blanco. Por eso yo parezco más viejito.

Debo admitir que tuve una infancia muy feliz. Mis cumpleaños fueron siempre maravillosos y las navidades excepcionales, ya que mis padres siempre trataron de complacerme en todo y fueron muy espléndidos conmigo.

A los quince años, mis primas me presentaron en una fiesta a un muchacho guapo y simpático, venezolano, llamado Carlos. Era divertido, su padre era médico y tenía una mamá encantadora, así como dos hermanos varones menores que él y una hermanita pequeña. Recuerdo que se me declaró un dos de mayo y yo, enamorada, le dije que sí.

Como su familia era venezolana, mis papás tenían grandes dudas de que nos fuéramos a llevar bien ya que realmente, teníamos diferente tipo de crianza. Así que muy contentos no estaban, sobre todo mi papá, pero a mí mamá le encantaba que yo tuviese un novio.

Después de ser novios durante un año, Carlos y yo llegamos a hablar de matrimonio, de tener hijos y de todo lo que haríamos juntos en nuestra vida como marido y mujer. Imagínense que, a pesar de mi corta edad, mi mamá hasta empezó a comprarme cosas para nuestro futuro matrimonio, incluyendo juegos de ollas de cocina, manteles, toallas, y todo lo que se utiliza en la cocina, según la tradición europea.

En realidad, yo apenas tenía 17 años y ni siquiera estaba muy segura de lo que estaba haciendo. Sin embargo, mi madre estaba totalmente encantada con la idea de mi supuesto matrimonio. ¡Qué locura!

Sin embargo, no todo era color de rosas.

MI PRIMER NOVIO

Carlos venía todos los días a casa, era super absorbente y de paso muy celoso, tanto así que siempre me decía cosas absurdas como que ni siquiera me asomara al balcón del edificio en donde vivíamos ya que alguien me podía ver y enamorase de mí. Aunque al principio esas cosas me hacían reír, y me encantaban, a medida que fue pasando el tiempo, poco a poco fui madurando y comprendiendo que algo no andaba bien.

Durante el segundo año de nuestro noviazgo, cuando yo ya tenía 17 años y él 19, Carlos entró a la Universidad Católica Andrés Bello e hizo varias amistades nuevas. Entre estas, hubo un muchacho que llamó mi atención, se llamaba Iván y no sé por qué me gustó tanto, ya que solo cruzamos unas pocas palabras y de vez en cuando lo veía cuando estudiaba con Carlos.

Poco después, a comienzos de mayo, Carlos y yo nos preparábamos para celebrar nuestro segundo aniversario de novios. Sin embargo, justo el día antes, él me dijo que iría a estudiar con unos amigos de la universidad y resulta ser que, en vez de eso, se escapó a una fiesta sin decirme nada.

Cuando descubrí que me había mentido, me molesté muchísimo. Quizás no tanto por no haberme llevado a la fiesta, aunque eso también me molestó, sino sobre todo por no haber sido sincero conmigo. Yo realmente me puse muy brava en ese momento.

Mis padres me habían enseñado la importancia de la honestidad y solían decirme que la confianza es una de las bases esenciales de las parejas y que, sin esta, las relaciones de pareja están destinadas al fracaso. Estas palabras me marcaron para siempre. Yo sabía que eran completamente ciertas. Tal vez por ello, sentí lo que sentí cuando me enteré de la mentira de Carlos. ¿Por qué en vez de ser sincero prefirió mentirme? Si al menos me lo hubiera confesado antes de irse a la fiesta tal vez yo lo hubiera entendido y perdonado. Sin embargo, había preferido engañarme.

Mis padres, como dije, siempre me recalcaron que la sinceridad es una de las bases fundamentales de toda relación. Ahora que lo pienso, es como si ellos hubieran querido prepararme para la vida que me esperaba. Claro, ellos no podían saber en ese entonces todo lo que me ocurriría durante las siguientes décadas. Sin embargo, ahora que soy madre, entiendo mejor que nunca que ellos solo querían lo mejor para mí y protegerme de alguna manera.

Volviendo a Carlos, tal vez fue debido a que yo valoraba mucho los consejos de mis padres, llegué a pensar que después de dos años de noviazgo él no serviría para mí ya que era muy mentiroso y además muy tomador.

En fin, siendo un muchacho de tan solo 19 años, Carlos estaba más pendiente de las fiestas que de la novia, como es lógico. Y yo pensaba para mis adentros que no podría continuar con un novio que además de celópata, también podía ser capaz de hacerme daño físico, se ponía muy bravo por cualquier cosa y cuando yo le reclamaba algunas cosas, me agarraba fuerte por los brazos hasta hacerme daño

Después de pensarlo muy bien, completamente decidida, llamé a Carlos por teléfono y le dije que no regresara a mi casa nunca más. Y, para rematar, también le dije que me había gustado mucho su amigo Iván y que yo pensaba casarme con él.

¡Carlos no podía salir de su asombro!

¿Cómo era eso posible que yo dijera eso si yo era novia suya y apenas acababa de conocer a su amigo?

—¿Qué dices? ¿Acaso Iván sabe eso?

A lo que yo le confesé:

—No, no lo sabe. Pero apenas lo vea se lo voy a decir. ¡Ya lo verás!

Y así fue.

Yo siempre fui muy flemática de carácter, nunca fui impulsiva, pensaba en lo que quería hacer y lo hacía, nunca fui brava, pero era fría en la toma de decisiones.

Nunca más permití que Carlos volviera a mi casa y, de hecho, jamás volvimos a vernos. Y en cuanto a Iván, como es fácil de deducir, no solo nos casamos tal como lo predije, casi siete años después, sino que desafortunadamente terminó siendo el antagonista de esta historia sobre las más grandes mentiras que he tenido que enfrentar durante mi vida, cómo logré superarlas y explicaré cómo puedes hacer tú como persona, para enfrentar situaciones similares en la vida.

Por supuesto, sobre Iván todavía hay mucha tela que cortar.

Aún me falta contarles varias "cositas" que poco a poco fueron surgiendo después de nuestro divorcio, como por ejemplo que llegó a tener tres novias diferentes al mismo tiempo, que sepamos, mientras estábamos casados, que tuvo una hija fuera del matrimonio sin que yo me diera ni cuenta mientras supuestamente estábamos "felizmente casados". Pero no se preocupen, porque más adelante pienso contarles eso y mucho más…

LA INCÓGNITA

En este momento quiero hacer una breve pausa para dejar bien claro que no escribo estas páginas con el fin de hacerme la víctima, quejarme públicamente, buscar venganza o dejar mal parada a esta o aquella persona. Eso no.

Por el contrario, lo hago porque como terapeuta sé muy bien que cada problema que enfrentamos en la vida tiene el potencial de permitirnos crecer como individuos y tratar de explicarles que, al parecer, la mayoría de los seres humanos solo aprendemos cuando cometemos errores o cuando nos pasan cosas malas.

En realidad, la vida me ha enseñado que cada problema que tengamos siempre encierra una valiosa lección y que cada dolor que padecemos trae consigo un aprendizaje que a la larga es capaz de convertirnos en personas más fuertes, maduras y felices.

Por supuesto, sé muy bien que cada caída o error es distinto a los demás, así como cada dolor se siente de manera diferente. Lo importante en estos casos no es la caída o el dolor o el error en sí, por más fuerte que sea o haya sido, sino tratar de aprender de ello para poder superarlo y dejarlo atrás. Así, en la medida en que logremos hacerlo, aunque no sea por completo, podremos volver a rectificar y empezar de nuevo.

También reconozco que siempre existe la posibilidad de que tarde o temprano volvamos a cometer el mismo error o peor, pero de ser así, al menos sabremos cómo enfrentarlos. Lo importante es que sepamos que, así como cada caída es distinta a las demás, también existen muchas maneras de levantarnos. Esto quiere decir que, aunque jamás lleguemos a convertirnos en verdaderos expertos ni en caer ni en levantarnos, al menos podremos aprender que lo más importante es el hecho de poder superar cada una de las situaciones desagradables, problemas o inconvenientes que se nos presenten con optimismo y sobre todo con humor.

Al escribir mi historia, tampoco quiero centrarme exclusivamente en los problemas de pareja, sino que pienso abarcar mucho más que eso. En mi caso particular, por ejemplo, mucho antes de tener novio o esposo, las mentiras comenzaron a formar parte de mi vida… ¡incluso antes de nacer!

A decir verdad, yo siempre sentí que mis padres me ocultaban algunas cosas, cosas que en su momento no lograba comprender. Por ejemplo, recuerdo que de niña tuve un hermoso álbum de fotos que mi papá preparó con todo el amor del mundo. Era uno de esos viejos volúmenes de tapa dura y hojas de cartulina negra, cargado de hojas y hojas repletas de fotos. Para mí era el álbum más bello del mundo y contenía una serie de fotografías que ellos tomaron desde que yo era una bebita recién nacida. Recuerdo que debajo de cada foto, mi papá anotaba el número de días que yo tenía de nacida. Eso lo hizo desde que llegué al mundo hasta que cumplí el primer año de nacida, es decir, hasta mi primer cumpleaños. A partir de esa fecha, las fotos ya iban mes a mes.

De niña, yo disfrutaba mucho viendo mi álbum. Un día, no recuerdo la fecha, aunque debí de tener alrededor de 15 años, estaba viendo mi álbum cuando de pronto me di cuenta de un detalle en el que jamás me había fijado. Para mí era algo importantísimo, algo que nunca antes noté y que sembró un mí una fuerte duda.

Una de las primeras fotos me mostraba entre los brazos de mi mamá, supuestamente tomada cuando yo tenía 33 días de nacida. Claro, yo había visto la misma foto más de mil veces, pero en esa ocasión por primera vez me llamó la atención que al lado de nosotras se veía un árbol de navidad.

"¡Qué raro!", pensé para mis adentros. "¿Cómo puede ser esto? Si yo nací un 23 de enero, ¿entonces qué hacía ese árbol de navidad todavía en la sala poco más de un mes después, es decir, a finales de febrero?"

Aquello me parecía sumamente extraño y hasta confuso.

Buscando una explicación, fui a ver a mamá y le pregunté qué hacía ese árbol de navidad en casa, sin desmontar, a finales de febrero.

Su cara se puso blanca al escuchar mi pregunta.

Entonces me contestó parcamente que ese año no le había dado tiempo de quitarlo debido al parto y que lo fue dejando, lo cual me resultó imposible de creer, ya que ella, durante todos los años de mi vida, siempre lo quitaba religiosamente el siete de enero, justo después del Día de Reyes.

Por supuesto, aquello me dejó sumamente confundida.

En ese momento mamá no quiso hablar más del asunto y yo sentí que, por alguna extraña razón, mamá me ocultaba algo. ¿Pero qué seria? ¿Y por qué lo hacía?

Aquello se convirtió en un verdadero misterio que me persiguió toda la vida y que, como veremos, yo tardaría más de cuarenta años en descifrarlo.

AL MIRAR ATRAS

De todas las personas, a mi mamá fue a la que más le sorprendió mi inesperada decisión de dejar a Carlos. Por supuesto, yo nunca le había dicho lo mal que él me hacía sentir con sus celos desmedidos ni que últimamente ya no nos llevábamos tan bien como antes. Sin embargo, cuando le conté que él no era la persona que yo pensaba que era y que me había engañado muchas veces, que era demasiado fiestero, terminó entendiéndome e incluso me dio la razón.

La verdad es que yo nunca sabía qué esperar de mi mamá. Confieso que siempre me pareció un ser especialmente fuerte. Por un lado, ella me amaba mucho, pero por el otro, yo sentía que me martirizaba y era super estricta. Siempre me costó entenderla y de no haber sido por el apoyo incondicional que siempre me brindó mi papá, creo que todo hubiera sido mucho más difícil de entender y de sobrellevar.

Ahora sé que, debido a su excesivo amor, mi mamá deseaba que yo fuera perfecta y que todo lo que sucediera en mi vida también debería ser perfecto.

En realidad, no la culpo. Sobre todo, ahora que, siendo madre y abuela, puedo ver la vida bajo otra perspectiva, su propia perspectiva.

Por mi parte, siempre le tuve un gran respeto. Reconozco que, en ocasiones, me infundía pánico, como por ejemplo cuando yo de niña llegaba con la boleta de notas escolares. Ella siempre esperaba que mis calificaciones fueran las mejores y, cuando no era así, yo temblaba de miedo.

Varias veces tuve que pasar la pena de tocarle el timbre primero a la vecina, para que intentara convencerla de que mis notas, aunque no eran las más altas, seguían siendo buenas ¡Y mi vecina lo hacía!

Por supuesto, mamá quería que yo fuera la mejor en todo. Eso incluía tener las más altas calificaciones, ser la más lista, la más bella, la mejor vestida, demasiada presión para una niña de 15 años.

Siempre me comparaba con mis primas y yo le explicaba que no nos podía comparar porque nosotras estudiábamos en distintos colegios. Sin embargo, eso no le interesaba. Ella solo quería que yo fuera la mejor y punto. Sin discusión.

Hoy, al mirar atrás, comprendo que, aunque a veces su actitud me causaba horror, su verdadera intención nunca fue la de maltratarme o hacerme sentir mal.

Ella solo quería que yo fuera una mujer de bien. Para ella, lo más importante no era que yo algún día llegara a estudiar una carrera universitaria y me convirtiera en una profesional exitosa, siempre estuvo el hecho de que debía prepararme como futura esposa y madre. Ella solo quería que yo lo hiciera bien y terminara consiguiendo el novio perfecto con quien casarme y así convertirme en la esposa y madre ideal. Como yo era hija única, para ellos lo más importante era que tuviese un buen compañero en mi vida.

Por supuesto, estamos hablando de finales de los años setenta y comienzos de los ochenta, cuando el rol de la mujer comenzaba a cambiar y a obtener su anhelada "liberación". Sin embargo, en muchos sentidos, tal vez demasiados, nuestro rol como mujeres seguía siendo totalmente retrógrado, sobre todo si lo comparamos con el que poseemos actualmente.

Papá siempre me decía que las mujeres pensamos con el corazón y los hombres con la cabeza. Entonces me decía: "Trata siempre de pensar sin emociones para que tus decisiones sean siempre las correctas, los sentimientos no se deben mezclar con la razón. Increíble enseñanza que, aunque no lo crean fue la lección más importante que pudiesen darme mis padres.

En cuanto a la importancia de la honradez, la fidelidad y la confianza en las relaciones humanas, creo que es algo que mis padres tenían muy marcado.

Para ellos, la educación entraba con sangre siempre me decían eso. En definitiva, me criaron para ser conciliadora al extremo.

Ellos me inculcaron que yo jamás debía desconfiar de mi pareja y que, por otra parte, jamás debía engañar a mi pareja. Para ellos hacer lo contrario era algo impensable.

Asimismo, me enseñaron que yo siempre debía apoyar a mi pareja, ayudarle a crecer e incluso a cuidar los gastos, lo que para ellos también constituía una forma de ayudar a mi esposo, dando por descontado que él trabajaría y que yo lo ayudaría en la medida de lo posible con el fin de poder crecer juntos como pareja y como familia.

Por todo lo anterior, para mí resultaba difícil de creer que mi madre me pudiera estar mintiendo cuando le pregunté sobre la presencia del árbol de navidad en aquella vieja foto tomada cuando yo apenas era una bebita.

Aunque no podía explicarlo, cuando escuché su respuesta sentí que no era honesta conmigo.

¿Por qué me costaba tanto creerle cuando me dijo que, aunque la foto era de finales de febrero, no había quitado el arbolito porque había estado demasiado ocupada con mi nacimiento? ¿Cómo era eso posible si ella siempre lo quitaba a comienzos de enero? ¿Por qué sentía que ella me mentía? ¿Y, en todo caso, cómo era posible que ella fuera capaz de mentirme si para ella la honestidad siempre había sido una virtud vital en la vida? ¿Acaso ella misma no me había inculcado que la confianza es un pilar fundamental en toda relación humana, tanto familiar como de pareja? ¿Entonces por qué sentía que no decía la verdad?

Yo lo ignoraba en ese entonces, pero aquello que aparentemente solo era un diminuto detalle en una vieja foto, posiblemente algo sin la mayor importancia, resultó ser tan solo la punta de un colosal iceberg al que yo tardaría varias décadas en descubrir, el cual estaba destinado a sacudir mi vida y derrumbar mis más íntimos cimientos.

EL ENCUENTRO

Volviendo a Carlos, estoy segura de que la gota que derramó el vaso de agua fue el hecho de haberme mentido justo antes de nuestro segundo aniversario.

Recuerdo que pocos días después de terminar mi relación con él, fui con mi mamá al club de playa Puerto Azul, en el Litoral Central, el cual solíamos frecuentar todos los fines de semana. Aquella vez, por casualidad, vi brevemente a Iván que también frecuentaba el mismo club.

Aunque ya lo había conocido y cruzado varias palabras con él, esta vez Iván y yo conversamos un rato y debo confesar que me gusto aún más que el primer día.

Iván era prepotente, simpático, extraño, muy leído para su edad, formal, no sé cómo explicarlo, pero me encantaba.

No me encantaba por su físico, porque no era el típico muchacho guapo, sino por su personalidad y sobre todo, por su forma de hablar y las cosas que me decía. Era muy inteligente y estudioso, desde el principio de su carrera de administración trabajaba y estudiaba a la vez, no era para nada celoso ni posesivo, cualidad esta que me encantaba ya que había tenido suficientes celos con Carlos.

El fin de semana después de romper definitivamente con Carlos y decirle que me gustaba Iván y que pensaba casarme con él, volvimos al club Puerto Azul, donde tuve la suerte de volver a encontrarlo.

Nosotros llegamos el viernes y esa noche conversamos largamente y, aunque me dijo que el día siguiente iría a visitar una novia que estaba en un club de playa cercano, quedamos en vernos el sábado por la noche. De hecho, nos invitó a dos amigas y a mí a una pizzería de la zona. Por supuesto, yo me aseguré de ser la primera en llegar y me senté con él adelante en su carro. Realmente me gustaba mucho.

Al regresar de la cena, Iván y yo caminamos juntos hasta el malecón de la playa, cerca del muelle, y allí nos quedamos sentados a solas frente al mar. Por supuesto, yo no me aguanté y terminé diciéndole que él me encantaba y él se sonrió y me dijo:

—Tú tienes la suerte de que también me gustas, China —así me llamaba él—, Si quieres podemos vernos el 22 de mayo. Ese día me invitaron a una fiesta y me gustaría que vinieses conmigo, me dijo.

Y así fue. Quedamos en que yo lo llamaría una semana después para ponernos de acuerdo, pero yo no pude aguantarme y lo llame antes del tiempo acordado. Apenas unos días después lo llamé. en vez de esperar, y él me invitó a salir a casa de unos amigos.

El resto es historia.

A partir de ese día viernes, Iván y yo nunca más nos separamos. Era un 14 de mayo del año 1976. En total, estuvimos juntos casi siete años de noviazgo y veinticinco de casados, sin contar los tres años adicionales que demoró en firmarme el divorcio.

Aunque podría decirse que nuestro noviazgo fue relativamente normal, debo admitir que en un principio yo no le gusté mucho a mi futura suegra. De hecho, inicialmente ella no le dio mucha importancia a nuestra relación, pero a medida que la cosa se fue enseriando yo llegué a sentir que ella hubiera preferido que yo hubiera sido otra clase de novia con otra clase de familia.

Por suerte, las cosas fueron cambiando y después de cuatro años de casados ya mis hijos Michael y Priscila habían nacido y la situación con mi suegra y su familia era otra. Ellos me querían, igual que yo a ellos y nos reuníamos frecuentemente, intentando ser una familia como todas, con sus altos y sus bajos.

A mí siempre me pareció que Iván era muy distinto a sus hermanos en todo, tanto en su forma de ser como en lo que hablaba. Sé que todos ellos se querían, aunque siempre tuvieron grandes diferencias de temperamento. De hecho, era tan diferente de sus hermanos que un amigo de mi cuñada lo llamaba "el recogidito". Recuerdo que incluso yo llegué a pensar que tal vez había sido adoptado.

La verdad es que Iván siempre se sintió excluido y en eterna competencia con sus hermanos. Y así me lo hacía saber. De hecho, a mí siempre me tocó ejercer el rol de conciliadora y durante todos mis años de casada eso fue lo que hice precisamente: conciliar en vez de separar. Debo admitir que siempre pensé que el deber de una esposa no radica en apoyar las locuras que se le puedan ocurrir a una pareja, ni las críticas destructivas, odios o desacuerdos entre los familiares, sino más bien en ayudar y promover todo lo constructivo, tratar de construir y no de destruir. Para mí la familia es y será siempre mi prioridad por más desacuerdos que existan.

Desafortunadamente, en ese entonces yo ignoraba los problemas que Iván terminaría generando en mi vida y en la de mis hijos debido a sus trastornos de personalidad y sus innumerables mentiras, las cuales, unas sobre otras, se fueron amontonando hasta finalmente causar el derrumbe irreconciliable de una relación de pareja que para muchos era "ideal" pero que terminó siendo un vulgar engaño, un parapeto, y lo peor de todo, que se descubrió en un solo día, no hubo pre aviso, no hubo nada que me hiciese sospechar que algo no estaba como debería.

No obstante, yo parto del principio de que todo lo malo que vivimos, encierra valiosas lecciones y nos presentan la oportunidad de prepararnos mejor para el futuro. Por eso en este libro digo lo que digo. Para que puedas conocer los problemas que me tocó enfrentar y cómo reaccioné y logré progresar al convertir las adversidades en potentes catapultas que no solo fueron capaces de producir grandes cambios en mí, sino que también me permitieron avanzar hacia el futuro con paso firme y sin mirar atrás.

AMAR ES CONFIAR

Ahora que ya han transcurrido tantos años desde nuestro divorcio y que puedo mirar hacia atrás objetivamente, comprendo que si Iván me engañó fue porque yo misma se lo permití.

¿Por qué lo digo?

Porque le di mi entera confianza.

Sin embargo, eso era lo único que yo podía hacer, darle mi entera confianza. Y es que yo no podía actuar de otro modo. Seguramente hoy, después de todo lo que me tocó vivir, quizás hubiese actuado diferente. Pero cuando me casé, yo era muy joven e inexperta, así que hice lo que sentía y lo que sentía era que debía confiar plenamente en mi pareja.

Siempre he pensado que, si una persona se casa con otra, es porque existe plena confianza y sinceridad. Tal vez te parezca que soy ingenua, pero si confías en alguien es absurdo que estés perennemente dudando de su palabra o que termines convirtiéndote en celópata o policía o detective.

Como decían mis padres, "sin confianza no hay pareja". Y es verdad. Sin esta, nada tiene sentido.

Todos sabemos que existen parejas que no se tienen confianza y que siempre andan con intrigas, engaños y perspicacias. De todo hay en la viña del Señor. Pero al menos yo, no podría tener una pareja a menos que confiara 100% en ella. En mi caso, aquello era todo o nada.

Precisamente por esto, por confiar ciegamente en Iván, es que yo no lo vigilaba ni revisaba sus cosas, y mucho menos me metía en su computadora o su teléfono celular con segundas intenciones. ¿Por qué tendría que hacerlo si él supuestamente era un hombre honesto, digno de mi entera confianza? Claro, yo no tenía ni la más mínima idea de sus mentiras y engaños. Por el contrario, yo pensaba que él, al igual que yo, era una persona sincera, incapaz de tener relaciones extramaritales, de engañar a su propia familia y mucho menos de estar involucrado en actividades nada edificantes y reprochables.

En fin, Iván no solo me falló como esposo, sino también falló como padre, como hijo, como hermano y, más que nada, como persona. No solo hizo todo lo que le dio la gana a nuestras espaldas, sino que se volvió tramposo y ruin, utilizo dinero de la comunidad conyugal para montar sus negocios ocultos e ilícitos y mantuvo a su harén y quién sabe cuántas atrocidades más cometió.

Siempre me he preguntado por qué lo hizo y cómo pudo ser tan sinvergüenza. Como psicóloga, solo puedo responder estas preguntas con un solo diagnóstico: Iván era y sigue siendo un sociópata.

Debo aclarar que ser sociópata no es lo mismo que ser psicópata. La sociopatía es catalogada como un trastorno de la personalidad que también se conoce como desorden de la personalidad antisocial. El sociópata se caracteriza por carecer de empatía hacia los demás, es egocéntrico, desapegado de las normas sociales y tiene la tendencia a simular o fingir sus sentimientos hacia los demás. Son personas inestables emocionalmente y, al mismo tiempo, suelen ser encantadores, pero poco confiables. Carecen de sentimientos de culpa, vergüenza y arrepentimiento, además de ser impulsivos y, en algunos casos, pueden llegar a ser violentos (no fue el caso de Iván).

Los psicópatas, en cambio, sufren de un trastorno mental que no solo los vuelve fríos y calculadores sino también seres violentos y criminales. Mientras que el psicópata sufre una condición con la que se nace, el sociópata se hace en el transcurso del tiempo.

Por fortuna, ya todo terminó y toda esta amarga experiencia me dejó una serie de valiosas lecciones que no solo me ayudaron a sobrellevar mi situación y permitirme seguir hacia adelante, sino que ahora a ti también pueden servirte de ayuda.

No quiero que olvides que tú tienes el poder de moldear tu propia vida y que, para ser feliz, debes dejar atrás todo lo que te hace daño o ya no te sirve. A esto se refiere la ley del más fuerte. Y es que en la vida solo sobreviven quienes se hacen más fuertes con cada caída y no quienes terminan desplomándose para siempre en la primera.

Escribí este libro con el fin de hacerte despertar, para que reacciones y tomes conciencia de tu enorme potencial. Por eso quiero que sepas que, si en este momento hay alguien negativo en tu vida, alguien despreciable que te hace daño y del que debes deshacerte, debes ser fuerte y tomar mi consejo: ¡Sal de esa persona cuanto antes!

Cueste lo que cueste, tu felicidad siempre será más valiosa e importante que las ataduras que hoy te puedan mantener atada a una relación que no te beneficia. ¡No dejes que nadie te intimide y date tu puesto siempre! Y recuerda que, si yo pude hacerlo, ¡tú también puedes!

EL DOLOR MÁS GRANDE

Mi papá se operó un 17 de octubre del año 2000 de algo sin importancia. Era una operación transuretral que iba a durar una hora a lo sumo. Según el médico, se trataba de algo sumamente simple, así que no había nada por qué preocuparse. Sin embargo, muy pronto todos descubriríamos lo equivocado que él estaba.

Yo tenía cuarenta y un años. Como mis niños estaban en plenos exámenes en el colegio, le comenté a mi papá:

—¿Qué te parece si pasas la noche en la clínica y así no tendrás que despertar tan temprano en casa y salir corriendo a la clínica? Si quieres, yo te busco ahora a las 5 pm te llevo, pasamos un rato juntos y ya te quedas tranquilo. En la mañana, llevaré a los niños al colegio y a las 8 am estaré en la clínica y tú todavía estarás en quirófano. Así cuando salgas, yo estaré esperándote...

Así lo hicimos.

Cuando mi hijo Michael y yo lo recogimos en el portal de su edificio y lo vi bajar las escaleras; lo noté con falta de aire, como agobiado y le pregunté:

—¿Estás bien?

—Sí, sí, muy bien —me dijo—. Lo que pasa es que al bañarme quise dejarle los vidrios de la ducha limpios a tu mamá y me cansé un poco.

Yo me reí y le dije:

—Qué loco, papi. ¿Para qué te pones a hacer esas cosas?

—Bueno, todo por ayudar a tu mamá.

—Si te sientes mal, no te tienes que operar.

—Todo está bien, chatita. Vámonos.

Salimos hacia la clínica, que quedaba a 5 minutos de su casa. Michael iba manejando y mi papá iba muy contento, viendo cómo su nieto de casi 16 años ya estaba aprendiendo a manejar.

Mi papá quedó de lo más contento en su habitación, nos tomamos un cafecito juntos, pusimos todo en su closet y Michael y yo nos fuimos.

Al rato de llegar a casa, lo llamé para ver cómo estaba y me comentó que el pago por la habitación no incluía el derecho a ver la televisión, que para eso había que hacer un pago adicional. Pero que, como buen negociante, había convencido a la enfermera para que se lo dieran gratis. Eso me hizo mucha gracia. Negociador hasta el final, así era mi papá.

Jamás sospeché que aquella sería nuestra última conversación.

A la mañana siguiente, llegue a la clínica las 8 am. Media hora después, sacaron a papá de quirófano y lo llevaron a la sala de recuperación. Me informaron que todo había ido muy bien y que tendría que permanecer en la cínica durante un día antes de poder irse a casa.

A las 10 am, mi mamá y yo estábamos acompañando a mi papá en el sofá de la habitación, tranquilas, comentando las revistas que habíamos comprado, yo me compré una Hola y ella una de decoración. De repente, mi papá, quien había permanecido callado hasta ese momento, empezó a hablarme pero lo hacía como en japonés. Él intentaba decirnos algo pero nosotras, perplejas, no entendíamos lo que decía ni lo que estaba pasando.

Yo empecé a preguntarme qué podía estar sucediendo. Pensé en los efectos de la anestesia, pero no lo habían dormido completamente durante la operación, ya que le habían suministrado una anestesia peridural.

De inmediato corrí a buscar a la enfermera para que llamaran al doctor y allí empezó el peor día de mi vida, pues todo se complicó.

Papá se descompensó y durante horas no se le entendía nada de lo que hablaba. El doctor no se lo quería llevar a terapia intensiva ya que, según él, no era conveniente porque un alto porcentaje de las personas que entraban allí no salían. Así me dijo y yo, en mi desesperación, no sabía qué hacer y decidí confiar en su criterio profesional.

No quería demostrar mucha desesperación para que mi mamá, quien estaba ya mayor, no se alterara más de lo que estaba.

Esa noche, alrededor de 7 pm, mi papá parecía haber superado su descompensación. Hablaba normal, pero no me reconocía. Yo le pregunte quién era yo y él me miró como si no me conociera. Entonces le pregunté quién era ella, refiriéndome a mi mamá y él se rio y contestó:

—Mi mamá Josefa.

Evidentemente, todavía estaba confundido.

Por último, le mostré a mi hija y le pregunté quién era y él me contestó:

—Mi amada Priscila —contestó y la besó en la mano.

Entonces volví a preguntarle al doctor si lo llevábamos a terapia intensiva y me dijo: —No, ya no hace falta.

Poco después, todos nos fuimos a dormir, ya que esa noche mi papá dormiría en la clínica con una enfermera.

Después de llevar a mi mamá a su casa, llegué a la mía y acosté a los niños. Yo estaba tan nerviosa que esa noche me costó mucho conciliar el sueño.

A las 6 am amanecí llamando a mi papá a su habitación, pero nadie contestaba.

A los pocos minutos, para mi sorpresa me llamó el doctor.

—Hola, doctor, ¿cómo está? He estado llamando a la habitación de mi papá y nadie me atiende. ¿Qué sabe de él? ¿Cómo pasó la noche?

Después de un breve silencio, contestó:

—No muy bien, la verdad.

—¿Cómo es posible, doctor? ¿Por qué no me llamaron?

—Es que su papá falleció.

Yo no podía creerlo.

Salí corriendo de mi cuarto por el pasillo hacia el cuarto de mi hijo. No podía parar de llorar y le dije a Michael:

—El yayo se murió.

Con horror vi cómo Michael, en su desesperación, le dio una patada a la puerta del baño y después me abrazó.

Luego salió mi hija Priscila de su cuarto y nos fuimos corriendo a la clínica.

Era 18 de octubre y llovía a cantaros. Tardamos hora y media en llegar a la clínica y apenas lo hicimos encontramos a mi papá todavía tendido en su cama, como dormido.

Fue tan triste que esa imagen jamás la podré borrar de mi memoria.

Toda la familia asistió al velorio, me refiero a la familia de mi mamá, sus hermanas, cuñados y sobrinos y mis hijos, además de Iván y todos los suyos y muy pocos amigos. No hubo velorio, solo la misa previa a la cremación.

Lloré como nunca y tardé meses en poder recuperarme de la muerte repentina de mi papá.

Jamás pude imaginar un dolor más grande. Perdí lo que más quería en la vida, además de mis hijos, por supuesto.

Para mí, mi papá era un ser perfecto, buena persona, espléndido, cariñoso, amable, cordial, justo, la persona más ecuánime que he conocido en mi vida. Sus enseñanzas me han acompañado toda mi vida y hoy su muerte todavía me duele como si lo hubiese perdido ayer.

La noticia de la muerte de mi papi fue devastadora además de repentina. Él era super sano, siempre se cuidó en exceso y ese exceso al final lo mató, ya que no tenía por qué haberse operado. Si no lo hubieran hecho ese nefasto día, pues lo hubiésemos disfrutado un tiempo más. Tenía 87 años, manejaba, disfrutaba mucho de la vida, leía, iba a la playa, jugaba bolas criollas, le encantaba caminar y comer helado. La verdad es que han pasado más de dos décadas desde que se fue y no dejo de extrañarlo un solo día de mi vida.

Para mi mamá la situación fue mucho más complicada. Se le fue su norte al perder su pareja de 52 años de vida. Sus hábitos empezaron a cambiar, no había a quién hacerle el desayuno, no estaba el esposo que iba de compras todas las mañanas, que la ayudaba en todo, el que se preocupaba por sus medicinas.

Mi mamá jamás se había preocupado por nada. Aunque trabajó antes de yo nacer, nunca había hecho un cheque, ni había ido al banco a hacer alguna transacción. Jamás pago una factura de la electricidad, ni del condominio. Todas esas cosas las hacía mi papá.

El primer día después de la cremación, mamá no quiso venir a mi casa como le propuse. Se quiso quedar sola en su casa. Al día siguiente, al despertar, la llamé y no había dormido nada. Solo lloraba y salí corriendo a buscarla.

Le hice su maleta y le dije:

—Vamos a mi casa unos días y descansas. No te preocupas por nada.

Esos días fueron de adaptación total.

Yo fui a sacar todas las cosas de los closets de mi papá, quería que antes de que mi mamá regresara a su casa, estuviese fuera todo lo personal de él y regalar todo lo que hiciese falta, para que ella no lo tuviese que hacer.

Es realmente muy triste tener que desprenderse de la ropa y de todas las cosas que un ser querido deja al morir.

Por mi lado, al terminar todo lo que había que arreglar de las cosas de mi papá, incluyendo sus cuentas de banco, seguros, todo lo que había que resolver, yo volví a mi rutina. Pero no podía dejar de llorar.

Sufría mucho por la pérdida de mi papá y a la vez me culpaba por haberlo dejado operarse y por no haber estado a su lado en el momento de su muerte. ¡No podía estar en paz conmigo misma!

Aquellos fueron meses de una tristeza total y absoluta, tanto así que yo, que soy operada del estómago, en ese entonces me dio una gastritis espantosa.

Tuve que ir al doctor y le expliqué qué mi papá había muerto y que la tristeza me estaba matando y la gastritis también.

El doctor, sin más ni más, me dijo que llorar a un padre tres meses está muy bien, pero seis meses ya era algo patológico. ¡Eso me dijo! ¡Qué increíble conclusión! Yo no salía de mi asombro y apenas me recobré de oír semejante afirmación le contesté:

—Depende del tipo de padre coño de madre que le haya tocado. El suyo quizás no merecía que lo lloraran ni un día, pero yo al mío lo lloraré toda la vida.

Por supuesto, nunca más volví a ese médico.

Unos días después, mamá volvió a su casa, pero poco a poco se fue deteriorando. Todos los días hablábamos, dos y tres veces. A veces la sentía perfecta, otros días no tanto, hasta que un día me llamó para hacerme una pregunta y me dijo:

—Estoy a oscuras.

Yo me reí y le dije:

—¡Enciende la luz entonces!

—Pero —me contestó— ¡es que no sé dónde se enciende!

Yo, psicóloga de profesión, entré en pánico. Definitivamente, su salud mental le estaba jugando una mala pasada.

El día siguiente fuimos a ver a un neurólogo y le hicieron todos los exámenes. Pero los resultados fueron terribles: principio de demencia vascular.

Mamá no podía seguir viviendo sola.

Empecé a tratar de convencerla de que se viniese a casa y ella se negaba y tampoco quería que alguien fuera a vivir con ella y la cuidara.

Hablé con una hermana viuda que ella tenía y le propuse que vivieran juntas para que se cuidaran mutuamente, pero tampoco aceptó. Al final, le ofrecí a mi mamá dos cosas: meterla en una casa de ancianos o venirse a mi casa. Quedarse sola, imposible. Bajo esas amenazas, por fin logré que accediese y se viniese a vivir con nosotros para siempre.

Le hice su propio espacio en el apartamento donde vivíamos, que era muy grande, con su propio cuarto, baño privado y sala de televisión. Estaba muy cómoda y contenta. Adicionalmente, tenía una señora a su disposición que la cuidaba y la ayudaba en todo lo que ella necesitara.

En el transcurso de esos años, como sufría de tensión alta, fue desarrollando más intensamente la demencia vascular, que le había sido diagnosticada, una triste condición que te va limitando tanto que al final dependes de terceros para todo. Eso fue terrible para una mujer como mi mamá, que siempre fue un brazo de mar, de personalidad independiente, muy activa y dueña de sus actos. Poco a poco, se fue apagando como un pajarito ante nuestros ojos, sin nada que pudiésemos hacer para evitarlo.

A los dos años de vivir con nosotros en el apartamento, nos mudamos a una casa grande. Allí estaba cómoda, pero sin saber dónde estaba.

La cuidábamos, tenía las mejores atenciones, pero no sabía quiénes éramos, no nos conocía. Fue terrible tanto para nosotros como para ella.

Mi mamá estuvo muy bien cuidada y recibió todo nuestro cariño hasta el final de sus días. Y el 5 de septiembre del año 2008, falleció de la mano de mi hijo Michael.

Yo estaba muy triste por la muerte de mi mamá y mi hijo igual, pero nos sentíamos a la vez aliviados por su partida, ya que mi mamá sufrió mucho durante muchos años. Ella era vital, divertida, espontánea, nerviosa, muy brava, cocinera estrella, muy espléndida y le encantaba ayudar a todos.

En fin, sufrí mucho con las muertes de mis padres y jamás olvidaré lo importante que fueron para mí y para mis hijos. Como dije, a ellos nunca les gustó Iván para casarme y nunca les pareció que él era la persona ideal para mí. ¡Y pensar que mi papá incluso me advirtió que tuviera cuidado con él! Aunque mis padres llegaron a quererlo y respetarlo con los años, ellos siempre presintieron que nuestra relación no terminaría bien, sobre todo mi papá. No lo sé, tal vez ellos vieron alguna señal que yo, dada mi juventud, no supe ver. Pero desafortunadamente eso nunca lo sabré…

EL PREAVISO

Siempre me ha parecido curioso que a mis padres nunca les gustó Iván como futuro esposo. Y así me lo dijeron cuando apenas éramos novios. De hecho, a ninguno de los dos le parecía que él era la persona ideal para mí. Aunque papá admitía que le parecía un joven muy inteligente, siempre le pareció que su personalidad era algo extraña.

—Si te casas con él —cierta vez me dijo—, seguramente nunca te faltará nada. Pero me parece que ese joven es un poco extraño. Así que ten cuidado, por favor.

Es bien sabido que los padres siempre intuyen la verdad.

Tal vez sea una especie de sexto sentido que desarrollamos cuando tenemos hijos, no lo sé.

El caso es que en aquel entonces yo era demasiado joven e inexperta, así que terminé menospreciando o no dándole tanta importancia a los consejos de mi papá.

La verdad es que yo solo veía cosas buenas en Iván y que, como papá siempre repetía, *"nadie aprende en cabeza ajena"*.

A mamá también le parecía que Iván era un poco extraño e incluso apostó conmigo a que no duraríamos ni un año. De hecho, cada vez que Iván y yo celebrábamos un aniversario de novios ella me pagaba Bs. 2.000 de la época y renovaba la apuesta. Cumplió el mismo ritual durante los primeros seis años sin chistar. No obstante, cuando llegamos al séptimo año ¡finalmente admitió que se daba por vencida y ya no nos pagó ni un centavo más!

Cuando Iván y yo finalmente estábamos a punto de casarnos y ya habíamos fijado la fecha de boda, comprado el apartamento y el vestido de novia, tuve un amargo percance con mi futura suegra que tal vez pudo haber servido de aviso. Durante una cena familiar, ella me propuso que no nos casáramos tan pronto porque Iván apenas se había graduado, estaba empezado a trabajar y era mejor que los dos esperáramos un ano.

Aquello me molestó muchísimo. Por supuesto, en ese momento me negué rotundamente a posponer el matrimonio. Sin embargo, lo que más me molestó era que Iván permitió que su mamá se inmiscuyera en nuestros asuntos. Llegué a pensar que era un cobarde y que había enviado a su mamá de recadera porque no quería casarse o le daba miedo decírmelo. Entonces, al llegar a casa le dije a mis papás que ya no habría boda, que vendería el apartamento que mi papá me había comprado un año atrás y que me iría a vivir a los Estados Unidos.

Por supuesto, mis padres quedaron espantados ante tal resolución y al parecer mi futura suegra también. Sin embargo, las cosas se arreglaron poco después y aunque no nos casamos en la fecha que inicialmente tenía planificada, lo hicimos a los pocos meses.

Ahora que lo pienso, aquello fue una especie de preaviso o advertencia que la vida me estaba dando y que yo no me detuve a tomar en cuenta.

Finalmente, nos casamos el primero de octubre de 1982 y el día siguiente nos fuimos de luna de miel a los Estados Unidos. Aunque inicialmente estuvimos en Nueva York, unos días después fuimos a Orlando Florida y, al final, a Pompano Beach, donde teníamos previsto quedarnos en el apartamento de mi suegra.

Para mi sorpresa, cuando llegamos al apartamento nos encontramos a mi suegra esperándonos. Para mí aquello resultó ser muy desagradable e incómodo, ya que eso de estar con la suegra al octavo día de la luna de miel nos quitó parte de nuestra intimidad. Todavía me pregunto cómo pudo haber hecho algo así, eso jamás se lo hubiese hecho a su hija, estoy segura. Pero bueno, yo tenía 23 años y a esa edad uno supera cualquier cosa. Por supuesto que en ese momento me sentí muy mal, pero, como todo, aquello también terminó pasando.

Al regresar a Caracas, le comenté lo sucedido a mi suegro, quien siempre fue un hombre encantador y conciliador. Debo decir que siempre sentí que me quería muchísimo y me apreciaba. En todo caso, le dije que, así como en su casa mandaba su esposa, en la mía mandaría yo.

Con respecto a la relación entre Iván y su madre debo decir que siempre me pareció que ambos mantenían una relación muy bizarra y que entre ellos había grandes conflictos no resueltos. No solo había manifestaciones de desprecio, sino también discusiones espantosas. Por eso siempre sentí que mi deber de esposa era unir en vez de desunir. De hecho, siempre traté de buscar puntos de encuentro entre ellos y sus hermanos lo cual me costaba mucho ya que en esa familia reinaba la competencia entre ellos y medio en broma y medio en serio, se decían todo tipo de cosas nada edificantes. Poco a poco fui aprendiendo a manejar situaciones que yo nunca antes había vivido dada mi condición de hija única y nos fuimos integrando hasta finalmente llegar a ser, con sus virtudes y defectos, una familia entre comillas normal.

Por mi parte, yo estaba muy contenta con Iván. Nunca peleábamos ni discutíamos. Además, me dejaba tener mi espacio y apoyaba mis estudios de psicología. Yo estaba convencida de que él me quería más que a nadie ni nada y nunca dudé que en realidad fuera así

Desde el principio hasta el final de nuestra vida juntos fue muy trabajador, eficiente y buen proveedor. Siempre llegaba a casa a las seis de la tarde, no era amiguero ni tomador social. Tampoco fumaba, excepto una que otra vez, Era cariñoso y atento. La verdad es que siempre pensé que era el esposo ideal.

Nos mudamos muchas veces durante nuestros 25 años de casados. La última vez fue a una hermosa casa de 580 metros con 1600 metros de terreno. Estuve diez meses remodelándola, muy ilusionada, pensando que ya teníamos la casa de mis sueños. Era bastante grande, muy bella, con piscina y un hermoso jardín rodeado de inmensas palmeras. Incluso llegué a pensar que aquella sería la casa donde mis hijos podrían terminar de crecer y hasta tener sus propias familias. Yo soñaba con construir un anexo de dos pisos para que algún día Michael viviera conmigo cuando se casara. También imaginaba que cuando Iván y yo fuéramos viejitos, él se pasaría a la casa grande y nosotros a la pequeña. A mi hija Priscila no le interesó nunca ese plan, siempre fue muy independiente. Ella se quiso ir al exterior a estudiar y nunca más volvió a vivir en Venezuela.

En cuanto a Iván, nunca mostró interés por mis planes de ir creciendo y de ir vendiendo y comprando propiedades. De hecho, antes de mudarnos ni siquiera quería ver la propiedad. Simplemente no le interesaba. En vez de ello, literalmente, me dejaba hacer lo que yo quisiera. Vendía, compraba, nos mudábamos y él nunca intervenía en nada, ni siquiera en la mudanza. De hecho cada vez que nos mudábamos yo contrataba a una empresa y ellos se encargaban de todo. Él jamás intervino en nada.

Aunque no lo creas, esa parte de él me encantaba, ya que yo he sido siempre muy independiente y no me gusta para nada que nadie me dirija la orquesta ni que me estén dando órdenes. Al ser Iván como era, para mí era la pareja ideal. Nuestras tareas estaban perfectamente delineadas. Él con su rol de hombre, con su trabajo, y yo en mi rol de mujer atendiendo las cosas del hogar y a nuestros hijos.

Para mí, nuestra última mudanza fue la mejor de todas. Él me advirtió que la remodelación de la nueva propiedad iría por mi cuenta y para mí representaba todo un reto, estaba fascinada. Yo, con mis ingresos, pagué toda la remodelación y él siempre me preguntaba si todavía me quedaba dinero. Y yo le decía que estuviera tranquilo, que yo podía hacerlo y así lo hice. En diez meses remodelé aquella casa completamente. De hecho, casi la tumbé toda y la volví a construir por dentro. Quedó todo de estreno. Me sentía hasta orgullosa de haberla podido hacer yo sola y sin ayuda de nadie. Sin embargo, es muy triste que no pudiera disfrutarla plenamente, ya que tan solo tres meses después de mudarnos descubrí las mentiras de Iván y año y medio después de nuestra separación la vendí para repartir lo que había que repartir.

Recuerdo que le pedí que, por favor me dejara la casa a mí y a nuestros hijos. Pero él no quiso y me dijo con el mayor de los descaros que no podía, que lo legal era mitad y mitad. Aquello fue una verdadera pena porque yo hubiese sido muy feliz viviendo en esa casa con mis hijos. Lamento que me haya negado esa oportunidad y que hubiera terminado siendo tan ruin y egoísta, sobre todo teniendo en cuenta, como después descubrí, de todo el dinero mal habido que guardaba en diferentes cuentas bancarias en el exterior, las cuales siempre mantuvo fuera del patrimonio conyugal.

Recuerdo que en el año 2001 Iván sufrió una depresión severa y, aunque lo acompañé a varias sesiones con un psiquiatra, él nunca mencionó que había algún motivo especifico. Yo continuamente le preguntaba cómo se sentía y si era feliz, hasta que un día lo vi muy triste y entonces lo miré fijamente y le pregunté si me quería. Él me miró fijamente y me dijo que me quería como un codo. Yo lo miré intrigada y le dije que no sabía si eso era un insulto o un piropo a lo que él me respondió muy serio que sin el codo él no podría mover su brazo, que así me quería y que yo era indispensable para él.

Desafortunadamente, yo tardaría más de diez años en descubrir la verdad sobre aquella tristeza que entonces le embargaba. Jamás imaginé que se debía a que, en aquellos días, había nacido su hija ilegítima, la cual tuvo con una secretaria que había trabajado con él poco después de habernos casado. ¡Eso explicaba su profunda depresión!

Un año después, en 2002, celebramos nuestros primeros veinte años de matrimonio. Ya para ese entonces la depresión de Iván era cosa del pasado. Las cosas parecían haber mejorado significativamente para él. Sin embargo, jamás imaginé hasta qué punto, ya que ese mismo año, mientras que por un lado cumplíamos dos décadas de matrimonio, por el otro él fundó una empresa a mis espaldas sin comentármelo. Por supuesto, ahora entiendo por qué no lo hizo. Llamada *Inversiones Iván 2002*, se trataba de una empresa de prostitución encubierta. Él sabía muy bien que aquello era algo que yo jamás aprobaría. Además, por si fuera poco, su socia en el negocio era otra de sus amantes y presumo que también era la madama del burdel a pesar de solo tener 19 años.

A veces, hablando con mis viejas amistades, estas me han confesado que no entienden cómo Iván pudo haber hecho todo lo que hizo sin que yo me enterara. De hecho, muchas personas que nos conocieron de cerca cuando éramos pareja no salen de su asombro cuando se enteran de lo sucedido. Para la mayoría, nosotros éramos un matrimonio ejemplar, una pareja perfecta. Siempre me veían contenta y feliz. Nunca nos vieron peleando ni discutiendo y nadie parecía saber nada sobre las sinvergüenzuras de mi marido. Y en cuanto a sus amantes, al parecer nadie sabía de ellas. Claro está que ninguna de ellas pertenecía a nuestro círculo social o estrato socioeconómico. Por el contrario, todas se caracterizaban por ser mujeres de clase baja y por vivir en las zonas populares de la ciudad. Por supuesto, él jamás las llevaba a ninguna parte donde alguien lo pudiese reconocer o descubrir.

Yo, por mi parte, ignorando su doble vida, ingenuamente le ayudé a crecer, a darle apoyo y a no pedir, como tanto me decía mi papá. Y es que él siempre me repetía lo siguiente:

"Ayuda a tu esposo no pidiendo, así lo estarás ayudando siempre a ahorrar".

Y así fue.

Claro que lo ayudé a ahorrar… ¡pero solo para que él terminara gastando sus ahorros con otras mujeres! ¡Qué ironía! ¡Ja, ja, ja, ja, ja!

Al final, como ya expliqué, la imagen de Iván inevitablemente terminó derrumbándose después de aquella llamada que escuchó mi hijo y que abrió para siempre aquella inadvertida caja de Pandora en la que había de todo y para todos.

SEÑALES INADVERTIDAS

A lo largo de mi relación con Iván la vida me envió muchas señales o advertencias que, como mencioné, no supe o no quise ver. No obstante, de haberlas sabido reconocer en su momento, sin dudas todo hubiera sido muy diferente y yo hubiera descubierto el verdadero rostro de Iván mucho antes de nuestra separación.

Una de estas señales se me presentó cuando nosotros apenas éramos novios y me operaron de un tumor estomacal. Yo tenía 19 años y siempre había sido muy delgada, pero últimamente había perdido mucho peso. Recuerdo que todo comenzó un día que estaba en casa de una amiga y me estaba bañando, cuando de repente me sentí tan mal que perdí el conocimiento. Tuve la suerte de no hacerme daño al caer, pero cuando logré recuperarme le pedí a mi amiga que me acompañara al doctor.

El día siguiente fuimos juntas para ver qué me pasaba. Los médicos demoraron varias horas tratando de tomarme una placa y al final desistieron porque el líquido que me dieron para tomar "no bajaba". Así que tuve que volver al día siguiente, esta vez con mi papá, por sugerencia del mismo especialista.

Cuando regresé me hicieron una endoscopia y los resultados fueron muy preocupantes, tanto para mis padres como para mí: Tenía un tumor de 6 cm del diámetro, con 50 % de posibilidad de que fuese canceroso.

¡Ni hablar del miedo que entonces sentí!

Antes de operarme, estuve tres meses en tratamiento para subir de peso. De hecho, necesité subir cinco kilos antes de intervenirme. Gracias a Dios, todo salió bien. El tumor no era canceroso y todos quedamos muy contentos. Al parecer todos menos Iván.

Después de estar siete días en la clínica, regresé a casa e Iván fue a verme. Una vez que estuvimos a solas, sin más, me dijo:

—China, ya no podemos seguir siendo novios. No puedo lidiar con esta flacura que no te hace nada bonita, así que prefiero que terminemos.

Yo no entendía nada.

Solo lo miraba y pensaba que aquello seguramente era un chiste.

No podía creer que después de ser novios durante dos años me estuviera diciendo semejante barbaridad.

Por supuesto, a los 19 años somos incapaces de ver a posteriori y solo sabemos vivir y sentir el momento. Y yo, que siempre fui muy conciliadora, terminé diciéndole lo único que se me ocurrió:

—Pero Iván, ¡si yo siempre he sido bonita! Yo me voy a recuperar, solo dame chance, ¡ya verás!

Por supuesto, yo terminé olvidando su inesperada amenaza y nunca más hablamos del asunto. Pero no tengo la menor duda de que aquella fue una advertencia. Solo que no quise verla. En su defensa, él solo tenía 21 años cuando esto sucedió.

Años después, Iván y yo estábamos de compras en un conocido un mall de Florida al que solíamos visitar al menos una vez al año. Vimos varias parejas de viejitos cenando y caminando juntos, agarrados de las manos, y recuerdo que lo primero que se me ocurrió fue decirle a Iván muy contenta:

—¿Te imaginas, mi amor, cuando los dos seamos viejitos y nos toque como ellos cenar y pasear juntos en el mall?

Iván, como de costumbre, me sonrió de vuelta y, sin pensarlo dos veces, me dijo:

—¿Yo? ¡Yo nooooo! Cuando yo cumpla 30 años de casado ya habré cumplido mi condena y seré libre como el viento. ¡Así que no pienses que vendré a cenar contigo al mall!

Yo lo miré sin poder creerlo. Pensé que tal vez se trataba de otro de sus chistes y terminé echándome a reír. Pero es obvio que Iván hablaba muy en serio. Es evidente que para él el matrimonio siempre fue una farsa, visto lo visto, y por desgracia, ¡yo fui la última en enterarme!

La tercera señal de su verdadera personalidad tuvo lugar cuando yo estaba a 15 días de dar a luz a mi hijo Michael. Un viernes, al llegar de su trabajo, Iván me comentó que el día siguiente iría en su moto a dar un paseo por la playa con un amigo, pero que este no tenía casco y alguien se lo iba a prestar.

—¿Quieres acampanarme a buscar el casco? —me preguntó.

Yo le contesté que iría encantada y le pedí que no tardaran mucho en la playa, porque ya me faltaba poco para el parto y no quería quedarme muchas horas a solas.

Fuimos a buscar el casco y al día siguiente Iván salió como a las 8 de la mañana y regresó a golpe de las 2 o 3 de la tarde, tras lo cual nos quedamos en casa viendo televisión.

Al día siguiente me llamó mi suegra para contarme que Iván había ido al apartamento de la playa de su familia con unas muchachas y que ella estaba muy molesta con él y quería saber qué iba a hacer yo al respecto.

Yo, al escuchar sus palabras, me quedé petrificada. Entonces miré a Iván y le pregunté que cómo había sido capaz de hacerme eso. Pero él de inmediato inventó una excusa que ya ni recuerdo. Pero lo que sí recuerdo claramente es que en ese momento le dije que yo pensaba que no iba a poder manejar ese tipo de situaciones, sobre todo tomando en cuenta que ya teníamos ocho años juntos.

Entonces le propuse esperar a que naciera mi bebé y que después yo decidiría qué hacer. Sin embargo, después que nació mi hijo, créanlo o no, olvidé por completo ese episodio. En serio lo olvidé. De hecho, nunca más volví a tocar el tema ni con él ni con nadie y solo lo vine a recordar muchos años después.

Otra anécdota que también vale la pena mencionar y que hasta me parece graciosa tuvo lugar dos años antes de cumplir nuestros primeros veinte años de matrimonio: Resulta ser que en aquel entonces nosotros teníamos en casa un perro llamado Kaiser, de raza Rottweiler, muy bello y grande. Entonces Iván trabajaba en otra ciudad y pasaba gran parte del tiempo fuera de casa. Pero cada vez que llegaba de viaje, el perro siempre lo perseguía y lo olía mucho. Viendo esto, un día le pregunté a Iván:

—¿Por qué será que cada vez que llegas de viaje Kaiser te huele tanto?

Y él me contestó sonriendo:

—Pues, será porque la señora que me limpia el apartamento allá tiene un gato.

Yo abrí los ojos de par en par.

—¿La señora que va a limpiar tu apartamento lleva a su gato? ¡Pero será loca! ¿Y tú se lo permites? —le pregunté echándome a reír—. ¡Nunca escuché semejante locura! ¡La mujer de servicio lleva su gato a su trabajo!

Me reí un rato sin imaginar la verdad.

Años después, por cosas de la vida, me enteré que el famoso gato era de otra de sus queridas. De hecho, cuando llamé al conserje de las residencias donde él vivía, me comentó que los señores que vivían en ese apartamento tenían un gato.

¡Y pensar que yo fui a ese apartamento, lo decoré y se lo dejé listo para que él viviera con su novia y ese gato!

Aunque la mayoría de sus familiares ignoraba sus andanzas y se sorprendieron al conocer las razones de nuestro inesperado divorcio, uno de ellos me dijo que Iván siempre había sido así, sinvergüenza y mujeriego.

Entonces recordé que la última vez que habíamos celebrado juntos su cumpleaños, en enero del 2008, su hermano había estado bromeando con él hablándole de mujeres. Entonces yo, también bromeando, le pregunte entre risas:

— Iván, que está pasando, ¿tú tienes una novia?

Y él me contestó, riéndose, que no solo tenía una novia, ¡sino que eran tres!

Por supuesto, en ese momento lo que menos me imaginaba era que aquello era verdad. Por eso, desde ese día siempre he pensado que, aunque a veces la vida suele enviarnos señales, somos nosotros, por una u otra razón, quienes no somos capaces de captarlas ni de ver la realidad. Así que hay que estar muy pendiente de los chistes, muchas veces son realidades.

La verdad es que yo jamás me dediqué a buscarlas. Tampoco entiendo a esas personas que se pasan toda la vida buscándolas. ¡Para mí hubiera sido un infierno!

También pienso que es muy fácil echar para atrás la película después de separarse de una persona y empezar a buscar los defectos o cosas raras que nos pasaron mientras estuvimos compartiendo con ella. Esta no ha sido mi intención al escribir este libro.

Al contar mi historia he querido evidenciar que después de vivir con una pareja durante tantos años como lo hice yo y poder decir que fui feliz mientras duró, es posible tener la capacidad de tomar la decisión de dejar a esa persona y comenzar de nuevo el día que descubres que te ha engañado.

LA CRISIS

La disolución de un matrimonio puede generar en nosotros un sinfín de consecuencias psicológicas que pueden ir desde cierta confusión y tristeza hasta una profunda sensación de fracaso y baja autoestima. Sin embargo, considero que lo más duro de enfrentar y aceptar al atravesar una separación o divorcio suele ser la pérdida repentina de nuestra identidad propia.

Me refiero al hecho de sentir, prácticamente de la noche a la mañana, que ya no somos quienes siempre hemos sido, al menos hasta ese momento, y que para bien o para mal nos hemos convertido en otras personas. Esto puede producir en nosotros lo que en términos psicológicos se conoce como una "crisis de identidad", etapa caracterizada por una sensación de confusión y duda en torno a quiénes somos y cuál es nuestro principal rol en la vida.

En mi caso, como ya mencioné, mis padres me prepararon desde muy pequeña para que algún día pudiera llegar a convertirme una buena esposa y madre de familia. Me enseñaron que la familia siempre debe estar primero, que los valores familiares constituyen el tesoro más importante que podemos cultivar y que el desarrollo de nuestra identidad familiar resulta de vital importancia, aunque esto no quite que cada participante del grupo familiar tenga distintas opiniones y distintos puntos de vista, lo importante es escuchar, tratar de entender y siempre tratar de conciliar, no juzgar y poder perdonar cualquier desavenencia para mantener unida a la familia. Sin embargo, también insistían muchísimo en el hecho de que las personas tienen que ser felices y si la pareja que escogimos a la larga no servía o no nos llevábamos bien con ella, nos teníamos que apartar, sin dramas, como gente civilizada, con respeto, pero tratando de ser felices y poder rehacer nuestras vidas.

Mi separación de Iván acabó de forma repentina, en un solo día, mi condición de esposa varió y me vi forzada a asumir otro rol completamente diferente, para lo cual nunca tuve una debida preparación, nadie piensa que algo así le puede pasar de un día para el otro, por más preparados que podamos estar emocionalmente hablando. Aquella ruptura tan repentina me hizo sentir que había perdido la esencia de mi propia existencia. Ya no podía seguir siendo la persona que siempre me había considerado, la abnegada esposa cuya vida giraba en torno a su marido, su hogar y sus hijos.

Para mí, esa nueva situación de vida era totalmente inesperada.

A pesar de mi formación como psicóloga, aquello no fue del todo fácil de enfrentar. Lo primero que me sucedió fue que terminé adelgazando como 10 kilos de peso y como no era gorda, quedé como en mis mejores tiempos. ¡Ja, ja, ja, ja, ja!

Adicionalmente, decidí tomar esta nueva etapa de mi vida como un reto personal así que me prohibí ser infeliz y decidí a toda costa superar ese bache que se me había presentado. Y, de hecho, logré desarrollar y aplicar varias técnicas que me permitieron seguir adelante sin mirar atrás, las cuales describo más adelante. A mí me sirvieron muchísimo para recuperarme y reinventarme, lo cual me permitió continuar brindándoles lo mejor de mí a mis hijos. ¡Y lo mejor es que cualquiera puede aplicarlas!

Sin embargo, como también veremos más adelante, aquella no sería la única crisis de identidad que me tocaría enfrentar en la vida. Y tampoco la más fuerte.

Claro, yo lo ignoraba en aquel entonces, pero aún me quedaba por enfrentar una crisis de identidad todavía mayor, para la cual nada ni nadie me había preparado y que estaba destinada no solo a trastornar mi situación familiar como nunca antes, sino que también pondría de cabezas la esencia misma de mi ser.

EL DESCUBRIMIENTO

Tal como mencioné en el capítulo anterior, es muy común que suframos una crisis de identidad cuando experimentamos una separación de pareja significativa, sobre todo si se trata de una relación sólida, con muchos años de duración. Sin embargo, aquello no puede compararse con la pérdida de identidad que sufrí en 2014, cuando constaté que mis papás no eran mis verdaderos progenitores.

Aquello explicaba lo del árbol de navidad que aparecía en la foto. Claro, yo no había nacido el 23 de enero de 1959, como siempre me dijeron ¡sino en noviembre del año anterior! ¡Dos meses antes de la fecha que aparece en mi partida de nacimiento! Solo así cuadraba la presencia de aquel arbolito en la foto en que yo supuestamente solo tenía 33 días.

De algún modo, yo siempre había sospechado que había algo en torno a mis orígenes. Sin embargo, una cosa es sospechar algo y otra, muy diferente, es el hecho de constatarlo.

En medio de mi confusión, inicialmente pensé que mi padre sí era mi verdadero progenitor mientras que mi mamá no lo era. Esa era mi fantasía. Pero nunca me atreví a tocarles el tema, así que después que ambos fallecieron, quedé cargada de una creciente sensación de incertidumbre.

La verdad es que desde muy niña nunca podía evitar sentirme diferente al resto de mi familia. Y no fue porque yo me llevara mal con ellos. Por el contrario, nos llevábamos super bien. De hecho, aunque no tuve hermanos, siempre estuve acompañada y rodeada de familiares durante mi infancia ya que mamá tenía cinco hermanos en Venezuela y éramos trece primos en total. Con ellos compartí grandes momentos, incluyendo numerosas fiestas, cumpleaños, cenas navideñas y viajes dentro del país. Y, aunque nos llevábamos bien, nunca me identifiqué plenamente con ellos. De algún modo yo sentía que aquella no era mi familia.

No solo éramos distintos físicamente, sino que a medida que fuimos creciendo nuestras diferencias se fueron acentuando y terminé pensando que algo no estaba bien. Esto se hizo más evidente en el caso de la hermana menor de mi mamá, con quien nunca me sentí cómoda, así como con su esposo. Con ellos también tuvo problemas papá, sobre todo cuando formalicé mi relación con Iván, al punto de que terminé por no invitarlos a mi boda.

A pesar de que nunca pude entender por qué no me identificaba con el resto de mi familia, en aquel entonces no le di mayor importancia y mis sospechas no pasaron de eso. De hecho, pasaron varias décadas antes de que las piezas del rompecabezas finalmente terminaran de completarse, permitiéndome entender las razones detrás de aquello que sentía.

Cuando Iván y yo éramos novios, su mamá, mi futura suegra, le insinuó que ella pensaba que yo no podía ser hija de mis papás. Aquella fue una clara advertencia. Era la tercera semana de julio del año 1976 y yo ya llevaba desde mayo saliendo con su hijo. Todos los fines de semana iba a su casa de San Román, donde también compartía con sus hermanos Ignacio y Ester y otros familiares con quienes la pasaba de maravilla.

Un día, después de conocer a mis padres, ella le comentó a Iván que estaba convencida de que yo no era hija de ellos. Por supuesto, ambos nos reímos cuando él me contó aquello. Yo aproveché para comentarle que desde siempre me había sentido diferente del resto de mi familia y que la idea de que yo realmente no era hija de mis papás varias veces se me había cruzado por la cabeza. Y como en ese entonces yo ya estaba convencida de que él y yo nos casaríamos, le dije muy en serio:

—Yo me imagino que, si mis sospechas son ciertas y termina siendo verdad que yo realmente no soy hija de mis papás, lo más lógico es que ellos te lo digan antes de casarnos.

Entonces le hablé sobre una película que vi de niña llamada "Angelitos negros", sobre una muchacha rubia, hija de gente rica que se casaba con un muchacho igual que ella, de buena posición. Al pasar el tiempo, ella da a luz un bebé de color y se arma el drama.

Por supuesto, ella culpa a su esposo y termina despreciándolo, pensando que él era el culpable. Él, a su vez, también la desprecia a ella ya que piensa que ella lo traicionó con un hombre de color. Sin embargo, al final se descubre la verdad: La muchacha rubia realmente era hija de la doméstica de color de la casa de sus padres.

Después de ver aquella película, siempre pensé que si en realidad yo era adoptada seguramente le dirían la verdad a la familia de mi futuro esposo. Pensé que era el deber de mis padres decirle cuál era la situación por si a mí me pasaba lo mismo y yo llegara a tener un bebé de color. Pero aquello no sucedió y ellos nunca le dijeron nada.

Por supuesto, mis padres antes de recibirme supuestamente averiguaron quiénes eran mis padres biológicos, por esa razón ellos estaban convencidos que nunca yo lo podría averiguar cuando tuviese descendencia. Mis hijos siempre iban a ser niños blancos y rubios, como en efecto lo fueron.

VERDADES A MEDIAS

A veces no somos capaces de reconocer la verdad hasta el último momento. Y justamente eso fue lo que me sucedió. Pero solo hasta el día en que logré constatar la verdad sobre mis orígenes. ¡Todo había resultado ser una tremenda mentira!

Por supuesto, yo nunca me atreví a tocar el tema directamente con mis padres, ni con ningún otro miembro de nuestra familia. Sin embargo, poco después de morir papá, a finales del 2000, recibí la visita de mi tía Lia, esposa de uno de los hermanos de mi mamá, mi tío Arturo, con quien tuvo dos hijos. Nosotras siempre nos llevamos muy bien y sigue siendo una persona muy querida por mí.

Al verla, finalmente me armé de valor y le pregunté:

—Tía, ¿tú sabes si yo soy adoptada?

Ella me miro asombrada y se sentó en el sofá más cercano y guardó silencio pensativamente. Yo intuí que ella, dada las circunstancias, necesitaba pensar bien su respuesta. Después de una pausa, me sonrió y me dijo:

—¿Tanto te importa saberlo?

Al contestarme eso ya yo entendí que era cierto. Sin embargo, le dije:

—Sí, tía. Yo necesito saberlo. Es mi derecho.

Le comenté que siempre había tenido dudas sobre mi origen, lo que sentía y lo importante que para mí era saber la verdad—

Ella no me contestaba, solo me miraba y a la vez yo sentía que estaba en su mente organizando su respuesta.

Después de un rato escuchándome me contestó:

—¡Qué pregunta tan absurda! ¡Quédate quieta!

Aquello, en lugar de confundirme más, confirmaba mis sospechas.

Le dije que yo tenía un cepillo con cabello de mi papá y que me ahorrara el costo de la prueba de ADN, que la podría hacer mañana mismo, a lo que me finalmente me dio la respuesta tan esperada por mí:

—Sí, eres adoptada.

Al escuchar su respuesta, la miré perpleja y lo que sentí dentro de mí fue un gran alivio, mientras que una avalancha de preguntas me tomó por sorpresa: ¿Quién soy? ¿De dónde vengo? ¿Por qué me regalaron? ¿Y cómo haré para encontrar mi verdadera familia?

Llena de dudas, el día siguiente llamé a España y pedía hablar con la única hermana de mi papá, mi tía Josefa, a quienes todos llamamos Pepita, quien ya tenía 85 años de edad. Tuvo un solo hijo de nombre Joan con quien llevo una excelente relación.

Después del saludo de costumbre, le dije con sumo cuidado para que no le sentara mal mi pregunta:

—Tía, tengo que preguntarte algo muy importante. Quiero que seas sincera conmigo por favor. ¿Mis papás son mis papás o no?

La pobre, al escuchar mi pregunta, se quedó sin voz.

Entonces sentí que ella lloraba y, con palabras entrecortadas, me contestó:

—¡Todo lo que hicieron tus papás para que no lo supieras y no sufrieras! ¿Cómo lo supiste? —preguntó intrigada.

—Le expliqué que siempre había sentido que mi papá sí era mi papá, pero que dudaba de mi mamá.

Entonces me explicó que sí, que yo era adoptada, pero que lo único que podía decirme era que mi madre biológica era una chica de habla inglesa y que no vivía en Venezuela, que era de una isla del Caribe, y que eso era todo lo que ella sabía. Era un tema tabú. Mis padres más nunca le tocaron el tema y ella nunca se atrevió a preguntarles.

Yo no podía entender cómo mi tía no les preguntó a mis padres cómo se llamaba o cómo era físicamente mi madre biológica, rubia, morena, alta, baja, gorda, flaca. ¡Era increíble su falta de curiosidad!

Me despedí inundada de dudas y ahí comenzó una de las búsquedas más importantes en toda mi vida, la búsqueda de mi verdadera identidad.

Al día siguiente de hablar con mi tía Pepita, llamé a la mejor amiga de mi mamá, Andrea, quien vivió en casa de mis padres desde que llegaron a Venezuela en 1948. Era rubia, muy guapa y elegantísima, muy profesional y dueña de una imprenta en Caracas, Venezuela. Siempre fue muy cariñosa y estuvo pendiente de mí, hasta que murió hace más o menos 8 años.

Le hice la misma pregunta:

—¿Mis papás son mis verdaderos papás?

La pobre Andrea me contestó diciendo lo mismo:

—¡Ay! ¡Tanto que trataron de que nunca lo supieses!

Y entonces comenzó a contarme la historia que mi mamá le había contado sobre mi misteriosa procedencia.

Me dijo que yo no fui adoptada sino regalada y que mi mamá biológica había sido una muchacha joven, de alrededor de 16 años, quien al parecer vivía en Barbados, una de las islas del Caribe. Me dijo que el padre de ella trabajaba para el gobierno de Inglaterra ocupando un alto cargo y que pertenecía a una familia con recursos.

Le explicó a Andrea que mi madre biológica había salido embarazada de quien no debía y que sus familiares habían decidido salir de mí. Por eso la enviaron a Venezuela, para que diera a luz sin que nadie de su círculo social se enterara de lo de su embarazo. Secretamente, arreglaron todo con un reconocido obstetra del Centro Médico San Bernardino, el Dr. Lovera, quien sirvió de intermediario o enlace. La única condición era que los padres adoptivos jamás conocieran a mi madre ni mi verdadera procedencia. Sin embargo, la curiosidad de mi mamá pudo más. Haciendo caso omiso de las restricciones impuestas por el Dr. Lovera, ella fue con papá a la clínica y entraron a escondidas a la habitación de mi mamá biológica. De inmediato se disculparon y le hicieron ver que iban camino a ver a otro paciente y se habían equivocado de habitación. Al parecer, ellos solo querían verla brevemente, lo cual hicieron, tras lo cual pidieron disculpas y se marcharon para siempre.

Mamá le comentó a Andrea que la chica que vieron en la habitación era alta, de piel blanca, cabellos rubios y ojos verdes.

Solo eso le dijo.

Años después, cuando ya mi mamá estaba muy enferma, fui a ver su hermana, mi tía Mary, a quien le hice la misma pregunta.

Le pregunté si ella sabía quién era mi verdadera mamá y le dije que no lo había hecho antes por no herir a mis padres, pero que como papá ya no estaba y mamá estaba tan enferma, aquello ya no sería capaz de hacerle daño a nadie. Y así fue:

—Tía, quiero a hacerte una pregunta —dije sentándome a su lado, en el sofá de la sala de su casa—. Siempre he querido hacértela.

—¿Qué será esa pregunta? —dijo ella mirándome fijamente.

En ese momento, sentí como que me faltaba el aire y me atreví a preguntarle:

—¿Mi mamá es mi verdadera mamá?

La tía Mary me miró fijamente y sentí que pasaron horas antes que articulara su respuesta. Entonces sonrió y me dijo tranquilamente:

—No, amor, ella no es tu mamá.

—Y entonces, ¿quién es?

En ese momento me miró con una sonrisa burlona y con gozo me dijo lo peor que alguien pudo haberme dicho:

—Tu verdadera mamá fue una puta criolla cualquiera.

Aquella respuesta me impactó profundamente. Yo sabía que tía Mary me mentía descaradamente. Pero, ¿con qué sentido? Su forma de decirlo parecía tan perversa… ¿Para qué lo hacía? ¿Por qué quería hacerme daño? Aunque lo que me confesaba fuese verdad, escogió la forma más cruel que pudo para contarme, eso realmente es imperdonable.

Le contesté que eso era imposible porque mi mamá era sumamente racista y jamás me hubiera aceptado si yo realmente hubiera sido hija de una criolla y mucho menos de una prostituta. También le conté que Andrea me había dicho que mi verdadera madre había sido una muchacha extranjera que vino de una isla del Caribe a tenerme en Venezuela. Pero mi tía lo negó, diciendo que eso no era cierto.

La verdad es que no puedo entender como alguien tan cercano a mi mamá, su propia hermana, podía ser capaz de engañarme e intentar hacerme daño. Es posible que ella no haya tenido ni idea de la verdad, aunque yo pienso que me estaba mintiendo descaradamente. Era realmente imposible que ella no supiese la verdad.

Por otro lado, cuando le pregunté lo mismo a la hermana menor de mi mamá, mi tía Ángela, con la que nunca me llevé bien, me contó otra historia totalmente absurda.

Dijo que mi papá biológico había sido un chofer maracucho que se había acostado con mi madre, quien había sido una muchacha de clase alta cuyo padre trabajaba en una destacada compañía petrolera. ¿Por qué será que me dijo eso? Eso es algo que ya nunca sabré. Lo único que sé es que me hizo perder un tiempo precioso en la búsqueda de mi verdadera identidad.

Después de varios años viviendo en Miami, más o menos en el 2017, estando en mi carro estacionada esperando a una amiga que estaba en el banco, recibí una llamada telefónica que me alegró mucho y me impresiono enormemente. Era de mi antigua maestra de kindergarten en mi colegio de Caracas, el Mater Salvatoris, española, del país vasco, fumadora empedernida de joven, muy social y divertida. Se había hecho muy amiga de mi mama desde que entré al colegio, amistad que siguió vigente hasta su fallecimiento. Fue y sigue siendo una excelente amiga.

—¿Rosmary? —le dije sorprendida— ¡No lo puedo creer! ¡Qué grata sorpresa! Cuéntame, ¿qué ha sido de tu vida?

Ella, después de saludarme con mucho cariño, me dijo:

—Ay, China, te busqué desde hace años y no te conseguía hasta que se me ocurrió buscarte por Facebook, pero ahí tampoco te encontré. Entonces decidí buscar algunos nombres de familiares tuyos. Por suerte una de tus primas me dijo dónde estabas y me dio tu número.

Yo me reí al escucharla. Claro, yo salía en Facebook con mi apellido de casada y ella no lo conocía. Sin embargo, ella recordaba el de mis primas y a través de ellas logró encontrarme.

—China —me dijo—, ya estoy mayor y sé algunas cosas de tu vida que me gustaría que supieses, cosas que me contó tu mamá y no quisiera irme sin que las supieras.

Entonces me empezó a contar la historia que yo ya sabía, confirmando la misma historia que Andrea ya me había contado. Yo no salía de mi asombro. Jamás se me ocurrió pensar que Rosmary podría saber algo de mi historia. Mi mamá y ella se hicieron muy amigas cuando me dio clases particulares para prepararme para entrar al colegio y así se hicieron confidentes y muy amigas.

Yo, desde luego, la bombardeé a preguntas, pero desafortunadamente no me dijo nada que ya yo no supiera. Sin embargo, me reconfirmó lo que yo ya sabía, que mi mamá biológica era una muchacha alta, rubia, con ojos verdes y de habla inglesa. Me alegró saber que ella pudiese saber tantas cosas con tantos detalles.

A los dos años de nuestra conversación, nos volvimos a encontrar después de no vernos por más de cuarenta años en Madrid España, en el viaje que realicé para celebrar mis 60 años de edad, junto a mis hijos y nietos. Y así pudimos compartir juntas cinco días maravillosos.

Para terminar este capítulo me gustaría mencionar que Rosmary prácticamente me conocía de toda la vida. Como mencioné, ella había sido mi maestra de kínder cuando estudiaba en el Mater Salvatoris, el plantel educativo donde estudié primaria y secundaria. Se trata de uno de los más prestigiosos colegios de monjas de la ciudad de Caracas, de excelente nivel académico y del que conservo muy buenos recuerdos y maravillosas amigas (aunque por razones que no vienen al caso, debo mencionar que el último año lo hice en el Centro Docente Católico, donde culminé mi bachillerato).

Admito que, al graduarme de bachillerato, yo realmente no estaba muy definida en cuanto a lo que quería hacer. Aunque me gustaba arquitectura y dietética, no salí seleccionada en ninguna de las dos carreras, así que comencé a estudiar biología pura en la Universidad Católica Andrés Bello. Debo decir que el año que estudié biología fue realmente espantoso ya que todas las materias eran muy difíciles y decidí cambiar el rumbo y estudiar diseño de interiores mientras esperaba de nuevo el cupo en arquitectura.

Pasó el tiempo y la posibilidad de entrar a arquitectura se fue desvaneciendo, así que terminé de estudiar diseño de interiores e inclusive empecé a trabajar en el ramo y me encantaba.

A todas estas ya me había casado con Iván y él empezó con la campaña de que estudiara otra cosa, que esa carrerita era de pobre, que no me serviría en el futuro y que yo necesitaba ganar dinero porque en broma me decía que "él no me iba a durar toda la vida".

Tanto me lo repitió que después de graduarme de diseñadora de interiores, volví a la Universidad Católica Andrés Bello con la idea de estudiar Derecho, pero por cosas del destino, en el último momento, justo antes de inscribirme, le pedí a la secretaria el pénsum de Psicología, lo leí por unos minutos y cambié de idea, así que me inscribí en esta última. Iván siempre me dio mi espacio mientras yo estudiaba psicología y además llevaba la casa.

Debo mencionar que ahora, después de más de 30 años, puedo decir que gracias esas dos carreras he tenido el chance de trabajar en los Estados Unidos. Mi primer trabajo en este país fue de diseñadora de cocinas y el segundo en el área de terapista de niños especiales. Inclusive con lo poco que me gustaba estudiar, terminé un posgrado en autismo.

El hecho de ser psicóloga me ayudó muchísimo y me permitió encarar todas las situaciones adversas y complicadas que me han tocado enfrentar en la vida, incluyendo la ruptura de mi relación con Iván y todo lo demás que todavía me aguardaba.

BUSCANDO MI ORIGEN

El hecho de haber constatado más allá de toda duda razonable que yo realmente no era hija de la pareja de españoles que con tanto amor me había criado, no solo me hizo entender que, de algún modo, yo era el producto de un tremendo engaño, sino que de pronto quedé despojada de todo sentido de identidad.

¿Quién era yo realmente? ¿De dónde había salido? ¿Era realmente venezolana, española o de que otra nacionalidad? ¿Quiénes eran mis padres biológicos? ¿Cómo eran? ¿Y cómo podía llegar a conocer a mi verdadera familia?

Aquellas preguntas me atormentaron por mucho tiempo, hasta que finalmente, ocho años después de la muerte de mi mamá, me enteré que existía la posibilidad de hacerme un examen de ADN a través de una empresa que no solo ofrecía identificar mi origen étnico sino además ayudarme a encontrar conexiones familiares al identificar mis posibles coincidencias genéticas con otras personas que se hubieran hecho la misma prueba.

Por supuesto, aquella oferta me interesó muchísimo, así que decidí hacerme el examen. ¿Qué más podía pedir? ¡Aquello me permitiría conocer cuál era mi verdadera procedencia además de abrirme la posibilidad de conocer a mi familia biológica!

Debo aclarar que para aquel entonces yo ya vivía en Tamarac, Florida, con mi segundo esposo, Nico, a quien mencionaré más adelante. Yo llevaba cinco años de haber llegado de Venezuela y estaba viendo televisión cuando de pronto apareció un comercial de una empresa llamada AncestryDNA® ofreciendo "un servicio de prueba de ADN que utiliza lo último en tecnología de pruebas autosomales para revolucionar la forma en que descubres tu historia familiar".

Aquello llamó poderosamente mi atención y no tardé en visitar su sitio web, el cual informaba lo siguiente:

"Este servicio utiliza ciencia de ADN avanzada en combinación con el recurso de historia familiar en línea más grande del mundo para identificar tu origen genético y ayudarte a encontrar nuevas conexiones familiares. Elabora un esquema de origen étnico que se extiende por varias generaciones anteriores y permite analizar posibilidades tales como: ¿de qué parte de Europa provienen mis ancestros? o ¿es probable que yo tenga herencia del Este de Asia? AncestryDNA® también puede ayudarte a identificar relaciones con familiares desconocidos mediante una lista dinámica de posibles coincidencias de miembros de ADN".

En pocas palabras, ellos ofrecían analizar tu ADN con solo llenar un tubo de ensayo con tu saliva y enviárselos por servicio de entrega. Como era de esperar, no lo dudé ni un solo minuto y de inmediato los contacté para hacerme el examen y comenzar una nueva etapa en mi vida: La búsqueda personal de mi verdadera identidad.

El día que llegó a la casa el paquete con todo lo que yo debía entregar a fin de poder realizar mi prueba de ADN yo estaba nerviosísima y muy emocionada. Recuerdo que era el mes de marzo del 2016 y que inmediatamente hice todo lo que decía el instructivo y les mandé el paquete de regreso ese mismo día.

Después de esperar ansiosa las ocho largas semanas que exigen, las cuales más bien me parecieron cuarenta, el día 12 de mayo recibí un correo electrónico con los resultados del examen. Entonces sentí una mezcla de terror con emoción porque por fin sabría quién era realmente y de donde eran mis ancestros…

Mientras leí por primera vez los resultados de mi examen de ADN yo literalmente temblaba de emoción: ¡Según el informe, yo era principalmente británica! ¡Y no tenía ni una gota de española en mis venas!

El informe presentaba los siguientes resultados sobre mi procedencia étnica:

-Inglaterra:	26 %
-Gales:	23 %
-Escocia:	6 %
-Alemania:	10 %
-China:	13 %
-Portugal:	14 %
-Noruega:	4 %
-Congo:	4 %

Finalmente, yo tenía la prueba irrefutable que había buscado durante décadas y que demostraba que mis padres no eran mis padres. Además, la página de Ancestry me daba la opción de ver si yo tenía familiares directos que se hubieran realizado la misma prueba ¡y para mi sorpresa tenía muchos!

Sin perder tiempo, ese mismo día comencé a escribirles a todos lo que salían allí, dando comienzo a la búsqueda formal de mi verdadera familia e iniciando así un nuevo y fascinante capítulo en mi vida.

DESCUBRIENDO A MI FAMILIA

Un par de años antes de hacerme la prueba de ADN, debo aclarar, se me acercó un señor alto y de color un día que yo estaba en el estacionamiento de un supermercado. Se presentó como Bill Perry Private Eye, investigador privado, me entregó su tarjeta y por alguna razón me ofreció sus servicios. En ese momento le di las gracias y le dije que le llamaría si llegaba a necesitarle, pero el día siguiente, después de pensarlo bien, lo llamé y le pregunté si podía ayudarme a buscar a mi madre biológica.

Después de darle los detalles de mi caso, Bill Perry me dijo que no me preocupara y que él me ayudaría a encontrar a mis padres biológicos. En fin, lo contraté y comenzó su búsqueda ese mismo día. Al principio yo estaba muy ilusionada. Todas las semanas me llamaba para darme sus reportes. Pero después de varios meses, me dijo que era imposible encontrarla. Por supuesto, durante todos esos meses no avancé nada y, en definitiva, no pudo ayudarme. Sin embargo, lo que ofrecía Ancestry era algo muy diferente. ¡Ellos realmente me ofrecían lo que yo estaba buscando!

El informe, además de los datos obtenidos sobre mi origen genético, también incluía los nombres de varias personas que, como yo, se habían hecho un examen de ADN y que, de algún modo, resultaron tener algún tipo de parentesco conmigo.

El primer nombre incluido en mi informe decía:

"Prima en primer grado, Paula Godart".

Inmediatamente le escribí y no tardé en recibir su respuesta. Ella era menos inglesa que yo en proporción, aunque no tanto, pero ninguna de las dos sabíamos cómo era posible que fuéramos primas o de qué lado era, de madre o padre. Lo bueno fue que Paula decidió ayudarme con mi búsqueda y contactar a otros familiares, entre ellos a su madre, Marilyn, quien fue clave para mi reencuentro con mi familia biológica.

Después de comunicarme con ella, Marilyn y yo compartimos información durante varios meses. Mensajes iban y venían, pero no lográbamos encontrar ninguna información sobre mi madre biológica. El detalle era que ella es mi media prima del lado paterno, es decir, compartíamos el mismo abuelo, quien resultó ser de origen chino. ¡Aquello era increíble!

Yo, incrédula, no paraba de reír.

¡Toda la vida la gente me ha llamado China y ahora, lo que comenzó siendo una broma, se hacía realidad! ¡Soy china por parte de mi abuelo!

Mi abuelito chino, en cuestión, al parecer era muy divertido ya que se casó tres veces y llegó a tener, que supiéramos, diecinueve hijos legítimos, además de varios naturales, tres para ser exactos mientras estuvo casado con su primera esposa y otros de crianza. En fin, yo buscaba una familia normal y al parecer esta, mi nueva familia, estaba muy lejos de serlo. Tengo 18 tíos biológicos y cada uno de ellos tuvo al menos 6 hijos, por lo que tengo en total más de cien primos. Se podrán imaginar que siendo hija única estoy encantada.

Un día recibí una llamada de mi prima Marilyn comunicándome que venía a conocerme en persona. ¡Yo no podía estar más emocionada! Sin embargo, tal vez porque querían protegerme de cualquier amenaza indeseada, mis hijos Michael y Priscila me advirtieron que tuviera cuidado y que aquello podía ser una trampa, que la señora podía ser una fachada para venir a robarnos. Por lo que supe, los hijos de ella, quienes también eran desconfiados, no les gustaba mucho la idea del encuentro. ¡Hasta le decían que Miami era una ciudad muy peligrosa, casi que mataban gente en las calles! ¡Ja, ja, ja, ja, ja! Sin embargo, nada ni nadie pudo evitar que nos reuniéramos

Mi encuentro con mi prima biológica fue genial y maravilloso, no me lo podía creer, la veía y sentía una mezcla extraña de sentimientos. Llego a la casa de mi hija cargada de regalos y, en total, pasamos quince días juntas. Yo estaba encantada al igual que ella. Nos sentábamos a hablar durante horas y a construir nuestro árbol genealógico, poco a poco, hasta que lo logramos.

Mi padre biológico resultó ser medio hermano de su mamá. Él era hijo de mi abuelo el chino con su segunda esposa, de nombre Eleonora Mendoza, con quien tuvo nueve hijos en total. El nombre de mi padre biológico era Ernest Thomas. Desgraciadamente, para ese entonces ya había fallecido. Según me dijo, murió en Trinidad en 1997.

Después de su visita, comenzaron a acercarse muchos otros familiares de mi padre, algunos incluso residían a solo veinte minutos de mi casa, Wendell y su familia en Coral Gables. Aquello fue más que increíble. Me hicieron una bienvenida hermosa y un almuerzo típico trinitario que resultó espectacular. No me lo podía creer. Yo no podía estar más feliz y agradecida de tantas atenciones y Risa, su hermana, también me vino a conocer con todo el cariño durante una de las visitas que le hizo a su hermano Wendell a la ciudad, ella reside en Trinidad.

Especial mención también merecen Timora, una prima que vive en Toronto, y Nikki y su novio Leigh, quienes vinieron a Miami desde Canadá para celebrar juntos mi cumpleaños.

¡Aquellas fueron muchas emociones juntas en muy poco tiempo!

También empezaron a llegarme las fotos de otros familiares, de mi abuela Eleonora Mendoza, de nacionalidad portuguesa, y mi abuelo chino George Henry Hassang Thomas, nacido el 23 de abril de 1870. Aunque su verdadero nombre era Ton Koin Choi, al bautizarlo al catolicismo se lo cambiaron al de George Henry Hassang Thomas.

Y así, poco a poco, me fui enterando de muchos detalles sobre mi nueva y extensa familia. Al parecer mi padre biológico Ernest nunca supo de mi existencia. En 1960 se fue a vivir a Nueva Zelanda y posteriormente a Australia y regresó al final de sus días debido a una enfermedad coronaria, dispuesto a morir en Trinidad, con los suyos.

También me contaron que Ernest nunca se enteró que aquella muchacha quedó embarazada ni que tuvo una hija. Sin embargo, ellos opinaban que hubiese sido muy buena noticia para él, porque le encantaban los niños y fue siempre un tío divertido y muy cariñoso.

Además, supe que a él le encantaba la fotografía, igual que a mí, y que había trabajado como fotógrafo en Australia.

Me dijeron que en su época de joven era todo un galán: guapo, de clase media pudiente y con un trabajo fijo en Barbados, aunque su lugar de origen era Trinidad. Allí llegó a relacionarse con varias muchachas inglesas, incluyendo quien sería mi madre biológica.

Según me explicaron, esta muchacha inglesa probablemente era hija de alguien que trabajaba para el gobierno inglés en la isla y que, al quedar embarazada, sus padres tomaron la solución salomónica de regalar al bebé. Y es allí donde entran mis padres de crianza.

Un 23 de noviembre, yo nazco en el Centro Médico de San Bernardino, Caracas, y soy entregada a mis padres de crianza como hija legitima, como constaba en la partida de nacimiento que lograron forjar con una fecha distinta a la original, esta vez del 23 de enero de 1959. Otra mentira más en mi haber.

Aquí engrana la historia de Andrea, la amiga de mi mamá, sobre aquella muchacha de habla inglesa. Fue una verdadera pena que ella jamás se enteró de que pude encontrar a parte de mi familia biológica. Murió sin saber mis descubrimientos y sé que hubiese estado muy feliz por mí y encantada de saberlo.

Según mi prima Marilyn, ella recuerda a mi mamá biológica. Ella tenía unos quince años cuando conoció a una muchacha rubia que era la novia de Ernest, mi padre biológico. Pero no recordaba su nombre, solo que, así como vino un día a Trinidad con sus padres, se fue y nunca volvió.

¿Cómo me siento después de saber tantas cosas nuevas sobre mi verdadera familia? Pues, eufórica de por fin saber quién soy, de dónde vengo, a quién me parezco y cómo fue, aunque sea solo la mitad de mi historia.

Por último, debo admitir que siempre pensé que mis hijos se parecían a su padre biológico, pero cuando empecé a recibir las fotos de mi nueva familia, mi impresión fue inmensa. ¡Mi hijo Michael es exacto a mi papá biológico, no al suyo propio, y mi hija Priscila igual! Definitivamente la genética no perdona, la sangre es sangre.

LECCIONES APRENDIDAS

Quiero dedicar esta tercera y última parte del libro a hablar sobre las lecciones aprendidas. Y es que cada una de las mentiras que tanto marcaron mi vida también me dejaron grandes aprendizajes. Hoy estoy convencida de que mentir nunca debe ser una opción, que las mentiras siempre son y serán injustificables y que bajo ningún punto de vista estas se deben permitir en el matrimonio, en la pareja, en la sociedad.

Ahora bien, ¿qué es una mentira? En pocas palabras, esta puede definirse como una expresión o manifestación contraria a la verdad, a lo que se sabe, a lo que se cree o a lo que realmente se piensa. Es bien sabido que existen diferentes tipos de mentiras y entre las más típicas destacan las siguientes: Mentiras piadosas. Mentiras por omisión. Mentiras de restructuración. Mentiras de negación. Mentiras de exageración. Mentiras de minimización. Mentiras deliberadas. Mentiras blancas. Mentiras azules. Mentiras negras. Mentiras por plagio. Mentiras compulsivas. Mentiras por error. Autoengaño. Promesas rotas.

Cada uno de estos tipos de mentiras puede tener distinta relevancia en nuestra vida cotidiana. Algunas no le hacen daño a nadie y muchas veces las usamos para cambiar el nivel de importancia de algo, ya sea para no contar un hecho de la forma que fue, para exagerarlo o no darle tanta importancia. Sin embargo, existen otras que son muy graves como las mentiras negras, las cuales son engaños que se orquestan para conseguir un beneficio y hacerle un daño a otros o las mentiras por plagio en la que copiamos el trabajo de otro para que parezca nuestro.

En mi caso, a lo largo de mi vida he sido afectada por diferentes tipos de mentiras, siendo las tres más relevantes las piadosas, las compulsivas y las deliberadas. Las piadosas son las que se realizan para evitarle un mal a alguien y, en la mayoría de los casos, hasta podrían tener justificación. Esta sería la mentira en torno a mis orígenes y mi adopción que me dijeron mis padres de crianza. Por otra parte, también fui víctima de mentiras compulsivas y deliberadas. Me refiero a los engaños repetidos una y otra vez y a su vez las que se hicieron buscando un beneficio propio. En este sentido, la persona que las dijo, en este caso Iván, tiene problemas de trasfondo psicológico que requieren atención y un abordaje terapéutico.

A pesar de todo, como dije, cada una de las mentiras que me afectaron a lo largo de mi recorrido me ha dejado una lección importante. Quizás la más importante sea que, pase lo que pase, siempre hay que seguir adelante. Esto es algo que tuve muy presente tanto cuando me separé de Iván como cuando comprobé que mis padres no eran mis padres biológicos, así como en muchas otras ocasiones que me ha tocado enfrentar en esta vida. Lo importante, en casos como estos, consiste en pasar la página lo antes posible y siempre seguir hacia adelante ya que, de lo contrario, podemos quedarnos atascados para siempre en el pasado.

Desafortunadamente, conozco a varias personas a las que esto les ha sucedido. Ellas nunca han logrado superar sus divorcios y siguen atrapadas en el pasado a pesar de que ya han transcurrido años. Muy a mi pesar, nunca han logrado recuperarse y tampoco han vuelto a casarse o tener relaciones de pareja significativas.

Por fortuna, este no fue mi caso.

De hecho, poco después de separarme de Iván, me llamó una amiga para comentarme que uno de nuestros amigos de la juventud venía a Caracas por unos días y que le gustaría que nos reuniéramos. Se trataba de uno de los muchachos de la Universidad Católica que yo había conocido en Florida poco después de mi operación, ya sabes, cuando yo tenía diecinueve años e Iván y yo apenas éramos novios.

Se llamaba Nicolás pero todos le decíamos Nico. Era el típico niño de su papá, despreocupado, excesivamente chistoso, cosa que no me gustaba para nada y no estudiaba, aunque trabajaba con su papa en los negocios de la familia.

Al reencontrarnos, ya separada, lo vi muy diferente. Ya estaba más centrado, simpático, sin ser excesivamente chistoso, así que me encantó. Yo estaba muy ilusionada. Él llevaba como doce años divorciado y yo pensé que la vida me estaba dando una nueva oportunidad.

Estuvimos saliendo durante los siguientes tres años; yo viajando a verlo a Estados Unidos y el viniendo a Venezuela también varias veces, hasta que un buen día lo puse contra la pared y le dije: "O me ofreces matrimonio antes del 10 de abril o te voy a dejar." Él se rio, pero así fue. El 10 de abril le envié una carta terminando la relación. Yo no quería tener un novio eterno, quería volver a tener un esposo. En eso yo estaba totalmente clara. Mi vida la dirijo yo y mis tiempos son los míos, en eso siempre he estado muy clara.

A las tres semanas Nico se presentó en Caracas con anillo y todo, así que me vine a vivir con él a Estados Unidos y el 10 de julio del 2011 nos casamos en Miami. Luego volvimos a Caracas con nuestros hijos el 15 de septiembre a celebrar una hermosa fiesta con todos nuestros amigos y seres queridos.

Admito que al principio nos fue bien durante nuestro noviazgo y los primeros cuatro años de casados. Sin embargo, el quinto año, nuestro matrimonio comenzó a desmoronarse y un buen día decidí dejarlo para siempre.

No voy a negar que fuimos felices. Nunca tuvimos problemas serios, ni infidelidades. Desafortunadamente, con los años nuestras diferencias comenzaron a acentuarse, tal como sucede con muchas parejas tras un período razonable de convivencia. Y así, sin poder evitarlo, poco a poco nuestra relación se fue apagando y terminó extinguiéndose como una vela, lentamente, sin penas ni glorias.

La ilusión que tenía al principio de tener una pareja se desvaneció.

Nico era una persona extremadamente pasiva, no era para nada ambicioso, más bien todo lo contrario, era muy conformista y pasivo. Yo estaba acostumbrada a compartir y salir a restaurantes y con amigos. Comencé a sentirme como una anciana esperando sentada a la muerte delante de la televisión. Ya no sentía ni siquiera la motivación para hacerlo cambiar de actitud. Con la edad los defectos aumentan no disminuyen.

Yo quería tener una pareja. No quería quedarme sola. Nico me ilusionó me mostró una cara de una persona despreocupada, divertida, simpática.

Creí de nuevo en otra persona, pero resultó ser un gran espejismo, porque nada de lo que presentó al principio de él era del todo cierto.

Me hizo ver un panorama que realmente no existía. Me vendió una mentira y una vida que, por su forma de ser, no podía mantener.

Con Nico tuve desgaste, dejé de quererlo porque sus defectos y diferencias me superaron. Eran demasiados, así que un buen día lo deje y mi vida continuó como si nada hubiese pasado.

Volví a ser dueña de mi destino sin que nada ni nadie me lo impidiera.

Yo soy una persona que detesto el conflicto, no me gusta discutir ni estar permanentemente en discordia con nadie, realmente estoy convencida que nacemos para ser felices y para lograrlo no podemos permitir que nadie nos quite la oportunidad de serlo.

Un buen día amanecía y sentí que no podía continuar mi vida con él. Y así, sin ningún tipo de peleas ni discusiones, esa mañana le comenté mi decisión. Por supuesto, él se quedó impávido. No entendía nada. Es más, creo de verdad que a estas alturas todavía no lo entiende. Y así fue, nos separamos y me mudé de la casa y tiempo después, al venderla, ya no tuvimos nada en común ni que compartir.

Admito que el final fue un poco desagradable, imagino que como todos los divorcios. Por eso hay que tener siempre mucho cuidado, quien no te la hace a la entrada, te la hace en la salida. Es una pena, pero así es.

No pretendo entrar en más detalles sobre las razones que nos llevaron a separarnos ni cuál fue la gota que derramó el vaso. Lo cierto es que terminamos divorciándonos y una vez más, me tocó pasar la página y empezar de nuevo.

Menciono esto, porque quiero destacar la importancia de pasar la página y olvidar, porque sé, que cada vez que algo termina, el deber ser es volver a empezar, sea en el escenario o situación que nos toque vivir. Y esto debemos hacerlo por nuestro bien.

Así que, pase lo que pase, procura aprender de las lecciones que te da la vida y sigue hacia adelante, cuanto antes mejor.

HERRAMIENTAS

En las siguientes páginas quiero que veamos tres técnicas o herramientas que me han servido para poder pasar la página y seguir hacia adelante. Te las recomiendo, no solo como psicóloga, sino principalmente como mujer.

La verdad, es que he tenido la oportunidad de tratar y aconsejar a diferentes personas con diversos tipos de problemas de pareja.

En base a mi experiencia, he logrado determinar que lo más importante al comenzar una relación de pareja, sin importar la edad, es que desde el primer momento hay que dejar muy en claro las reglas del juego.

Esto es importantísimo conversarlo, como lo hice en su momento con mis dos parejas anteriores. De esta manera, no hay sorpresas cuando llega el momento de la ruptura, si es que llega algún día.

Hay que definir y dejar en claro con la pareja cuáles son nuestras expectativas y qué cosas no podríamos perdonar jamás. Por ejemplo, si hubiese infidelidad, traición o violencia física, se acabaría todo.

Esto es importantísimo al empezar una relación. Debes saber lo que quieres, qué esperas y a dónde vas.

Por lo general, desde que somos pequeños, tenemos la visión de cómo seremos cuando seamos grandes, si tendremos pareja, cómo será nuestra vida de casados, si no nos queremos casar y si pensamos tener hijos o no.

Nosotras las mujeres, jugamos a las muñecas, a ser madres o ejecutivas y artistas. Nos proyectamos al futuro y por lo general, tendemos a desarrollar conductas parecidas a las que vimos en nuestras madres o padres.

Esto es lo que en psicología se conoce como el "mapa familiar". Algunas personas lo copian y otras lo rechazan.

A veces, desarrollamos comportamientos totalmente opuestos por rechazo a lo que vivimos y no nos gustó.

Estos son nuestros patrones de comportamiento a seguir y ellos nos preparan para nuestra vida adulta.

Dependiendo de las conductas que observemos, vamos desarrollando nuestro carácter. Nacemos con una predisposición y la vamos desarrollando y moldeando mientras nos volvemos adultos.

Por esta razón, es tan importante en la infancia tener buenos modelos, ya que nuestras conductas y valores dependerán por lo general de ellos.

Ya de adultos, basándonos en nuestros propios principios y creencias, estableceremos nuestras respuestas ante los distintos problemas y retos que se nos vayan presentando a lo largo de la vida.

Por esta razón, no hay recetas para enfrentar las dificultades o inconvenientes. Aunque sí podremos pensar con lógica cómo abordar, sentir y reaccionar ante cualquier tipo de problema.

Me parece importantísimo entrenarnos mentalmente para saber cómo reaccionar ante cualquier problema. Por eso debemos preguntarnos siempre, qué quiero ser o quién soy, qué necesito y a dónde voy.

Dependiendo de nuestras respuestas, podremos enfocarnos en nuestras reacciones.

Cuando estemos claras en quienes somos y lo que realmente necesitamos, podremos empoderarnos y estar preparadas para reaccionar.

QUÉ HACER CON UNA PAREJA TÓXICA

Siguiendo esta línea de pensamiento, cuando tenemos una pareja tóxica y queremos terminar la relación, lo primero que hay que hacer, es pensar y seguir los siguientes pasos:

PASO 1:

Pensar en por qué me gusta esta persona, por qué estoy con ella, para qué la necesito y, sobre todo, por qué la tengo que aguantar si en definitiva me hace daño y no me aporta el valor agregado que necesito.

PASO 2:

Lo segundo que tendríamos que hacer, es hacer una lista por escrito del porqué queremos a esta persona y de todas las cosas buenas o positivas que nos ofrece y nos hace sentir.

PASO 3:

Lo tercero es hacer una segunda lista, pero esta vez de todo lo malo que pienso que tiene esta persona, cuáles son los daños que nos causa y por qué nos hace sufrir. Todos los detalles que podamos describir son muy importantes en este paso.

PASO 4:

El cuarto paso consiste en leer con detenimiento todo lo anotado y comparar las dos listas.

Al realizar este paso, sabremos cuál de las dos pesa más en nuestra vida. Por un lado, estarán aquellos comportamientos o conductas que nos gustan de esa persona y por otro aquellas que nos disgustan o perjudican.

Solo entonces podremos ponerlo todo en una balanza y definir si podemos o estamos dispuestos a continuar viviendo con lo malo o no.

PASO 5:

Si la lista de lo negativo de tu pareja te perjudica en tu vida diaria y no puedes soportarla, esto significa que no te conviene y que debes separarte ¡Y aquí viene el gran problema!

La mayoría de las personas piensan que separarse no es una opción y creen que podrán cambiar a su pareja y tratan de negociar los puntos conflictivos.

En un mundo perfecto eso sería lo ideal.

El problema se presenta realmente cuando todos estos puntos conflictivos no mejoran después intentarlo durante un lapso prudencial, sino que más bien se van agravando.

PASO 6:

Lo siguiente sería tomar la decisión de dejar a la persona y definitivamente separarnos y empezar de cero. Esta parte para mí es la más importante.

Si ya llegamos a la conclusión de que nuestra pareja no nos sirve, no funciona, no se ve un futuro hacia adelante, no nos quiere y realmente somos infelices, entonces hay que separarnos. Eso está clarísimo. Pero lo más importante no es saberlo, sino estar convencidas de querer tomar la difícil decisión de romper con todo y empezar de nuevo.

Mucha gente por miedo no hace esto.

Si no tomas conciencia de que realmente esta decisión es muy importante, y que es la correcta, o si te llegaras a separar con dudas, no vas a ser feliz sino todo lo contrario. Serás una de esas mujeres que están siempre con la idea de no haber hecho lo correcto y la vida será para ti mucho peor que antes y eso no es lo que queremos lograr.

Conozco muchas mujeres que tomaron decisiones apresuradas, decisiones de ruptura sin estar del todo convencidas. Incluso algunas se han separado para asustar y aleccionar a sus parejas y han terminado arrepentidas porque estas nunca volvieron.

Algunas al final se han quedado solas y han terminado siendo más infelices aún, ya que han pasado el resto de sus vidas recordando lo que pudo ser y no fue.

Así que, siempre aconsejo a mis pacientes a identificar qué cosas son las más significativas para ellas y aquellas con las que realmente podrían vivir o no.

Sería interminable citar ejemplos de esto, ya que cada persona es diferente, pero lo que sí puedes identificar serían las causas por las que terminarías con tu relación.

A continuación, menciono algunos ejemplos de comportamientos negativos que nunca debes tolerar en tu pareja:

-Infidelidad

-Deshonestidad (mentiroso compulsivo o patológico)

-Maltrato físico

-Maltrato psicológico

-Mal carácter

-Violencia de cualquier tipo

-Estafador, ladrón, chulo.

-Borracho, drogadicto

-Criminal.

En mi caso particular, es importante destacar que, siempre estuve clarísima que en el momento de presentarse un problema que incluyera algunas de estas conductas, yo, sin pensarlo dos veces, no podría seguir adelante con mi pareja

Tal vez puedas preguntarte, ¿entonces a la primera de cambio debo dejar a mi esposo o pareja solo por tener uno de los comportamientos negativos citados?

Esa respuesta solo la puedes contestar tú, la persona afectada, nadie más. Y, ¿por qué? Pues, es muy simple. Solo tú puedes saber si puedes vivir con eso, si puedes perdonarlo o si podrías soportar que lo volviera a hacer. Como dije, debes analizar los pros y los contras, ponerlo todo en una balanza y decidir qué deberás hacer a conciencia

Conozco en mi entorno cercano mujeres que han vivido durante años con parejas infieles que incluso han tenido hijos naturales con sus amantes y veo como ellas todavía se derriten cada vez que los ven. Casos en los que los maridos las han dejado por otra, hasta le echan la culpa a la otra y no al marido, a quien siguen amando a pesar de las humillaciones.

Por supuesto, este es un tema digno de otro libro. Pero, el hecho es que hay mujeres que jamás terminan de darse su puesto, que se sacrifican solo por mantener unida a la familia o por miedo a perjudicar a sus hijos y a ellas mismas al separarse. Al retrasar la decisión de separarse sucede todo lo contrario. Prefieren vivir en un ambiente tóxico, con un padre irrespetuoso y una madre incapaz de reaccionar o tomar decisiones.

Esta falta de decisión constituye el principal problema. Y es que nunca debemos tenerle miedo a tomar decisiones que puedan beneficiarnos. El miedo, más bien, debería ser a quedarnos atrapadas en un círculo vicioso y a no ser felices o no darnos la oportunidad de serlo. ¡No permitas que eso te suceda!

MUERTE Y DUELO

Lo peor de seguir manteniendo una relación en la que no hay futuro es el desgaste y la humillación. Algunas mujeres hasta han perdido la vida solo por no haber dejado a sus parejas a tiempo. Solo tienes que consultar los reportes de violencia doméstica para saber cuál es la realidad. De cualquier manera, continuar una relación con alguien que te hace daño solo te traerá consecuencias nefastas tanto a tu salud como a tu bienestar.

Si para ti, por ejemplo, lo más importante en una pareja es la honestidad, entonces no aceptes estar con alguien deshonesto. Y lo mismo sucede si presenta cualquiera de las conductas o acciones negativas o imperdonables que vimos en el capítulo anterior.

Si ese es tu caso, por favor no permitas que te siga maltratando o haciendo daño. No te lo mereces. Así que aprende a darte tu puesto, no pierdas tu autoestima y no olvides que la única persona que te quiere a ti más en el mundo debes ser tú misma y que si no eres capaz de valorarte y darte tu puesto, nadie, pero nadie te dará tu lugar jamás.

Veamos ahora qué puedes hacer si ya has llegado al punto en el que sabes que debes dejar a tu pareja y aún no has podido hacerlo. O, peor aún, tal vez ya la dejaste al menos una vez y regresaste con él.

PASO 1:

Lo primero que debes hacer es darte cuenta que si tu pareja te fue infiel, te maltrató físicamente o presentó alguna de las conductas imperdonables expuestas en el capítulo anterior, entonces ya no tienes nada que pensar: Debes dejarlo inmediatamente, aunque te duela, por tu propio bien y el de tu familia.

Es importante que estés convencida de tu decisión y que lo dejes, sin volver la vista atrás. Y si él no se va, entonces deberás hacerlo tú.

PASO 2:

Apenas decidas dejarlo, te recomiendo que imagines que esa persona ha muerto para ti. Sé que puede sonar cruel, pero deberás matarlo simbólicamente, no solo matarlo sino enterrarlo. Tienes que sentir que en realidad ha muerto para ti y que nada jamás podrá regresarlo a la vida. Si te duele, acepta tu dolor, aprende a manejarlo. No somos robots, es un proceso por el que todos tenemos que pasar. El duelo hay que vivirlo y el tiempo siempre estará de nuestro lado. Así que, si sigues estos pasos, muy pronto te recuperarás.

PASO 3:

Una vez que has matado simbólicamente a tu pareja debes entender que, si vuelves a verlo o te topas con él, ya no se trata de la misma persona que prometió amarte y respetarte sino que se trata de un impostor. Obsérvalo como si fuera caparazón que se parece mucho a la persona que amabas, pero que en realidad no es él. Cuanto antes asumas que ha muerto para ti, mejor será. Sé que parece difícil, pero te puedo asegurar que no es así.

PASO 4:

Esta muerte súbita o a conciencia no implica que no puedas recordar el pasado. Claro que puedes hacerlo. Pero no te centres solo en recordar las partes buenas sino también las partes malas. Aquellas que nos hicieron felices podemos recordarlas con felicidad. Pero no olvides las malas ni dejes que te afecten.

En vez de esto, procura reconocer que lo malo sirvió para empujarte a tomar la decisión de lograr un cambio importante en tu vida y te impulsó a seguir hacia adelante.

PASO 5:

Como en toda muerte de un ser querido, dedícate a vivir tu duelo. Claro que estarás triste. Pero no dejes que la tristeza te afecte al punto de no dejarte pensar ni actuar.

Aunque existen diversas opiniones sobre el papel del luto, la más importante es tu propia opinión. Vístete de negro si quieres. Y recuerda que el duelo hay que llevarlo dignamente, con la frente en alto y mirando hacia adelante. Recuerda el pasado si quieres, pero también piensa en el grato futuro que te espera sin esa persona que tanto te perjudicó y no te supo dar el valor ni el amor que te merecías. Así que no te sientas desgraciada. Más bien piensa en el pobre desgraciado que acabas de sepultar. Al final, hasta puedes llegar a pensar que te hizo un favor dejándote o demostrando quien era realmente.

Las personas siempre me preguntan, pero ¿cuánto dura este proceso? Y siempre les contesto lo mismo:

Los tiempos los pones tú, nadie más que tú, así que manos a la obra, porque para mañana es tarde. Y no olvides el refrán popular que reza: *"Las viudas Florecen"*, como decía mi mamá. Sucede lo mismo al podar una mata. Cuando la podas, florece. Se renuevan sin lastre ni nada que venga de atrás. Y es justamente lo que debemos hacer todos nosotros.

LAS VIUDAS FLORECEN

De acuerdo, ya te separaste y estás viviendo tu luto o duelo. Estás sola y confundida como es lógico. ¿Y ahora qué vas a hacer?

Pues, ante todo debes pensar.

En mi caso, cuando me separe de Iván, aunque fue una decisión tomada a conciencia, los efectos no tardaron en reflejarse. No dejé de comer porque no fue el caso, pero comí lo mismo por más o menos un mes. Solo me provocaba caldo gallego y crema de auyama con queso. Sí, ja, ja, ja, ja. Solo eso.

En fin, terminé adelgazando 12 kilos en solo un mes. La tristeza de caer en cuenta que había vivido tantos años con una persona que realmente era otra me consumió al principio, yo no soy de hierro, la rabia que sentía era mayor que el dolor por la pérdida y eso me atormentaba.

Por esa misma razón, date el tiempo de estar a solas contigo misma en el lugar que más te guste, tu casa, la playa, la montaña, el parque, cualquier sitio en el que te sientas en paz ¡y dedícate a pensar y a planificar tu nueva vida!

Empieza por buscar dentro de ti aquello que quieres hacer de ahora en adelante. Recuerda que la respuesta solo la conseguirás si la buscas en tu interior y que, una vez que la consigas, lo siguiente será ponerla en práctica (¡y es para ayer!).

Trázate nuevas metas, explora nuevos horizontes, plantéate nuevos retos y no te duermas en los laureles, yo hasta nueva ropa me tuve que comprar, ¡¡una maravilla!! Concéntrate en iniciar un cambio de vida y de actitud lo antes posible. ¡Es hora de reinventarte!

Tal vez lo más importante en este punto radica en no dejarte llevar por los pensamientos negativos. Y eso solo lograrás hacerlo desarrollando pensamientos positivos. Sí, así es. Los pensamientos positivos son más que una actitud. Estos te ayudan a ver la vida desde una perspectiva alegre, capaz de enriquecerte y de ayudarte a ser más feliz.

Está demostrado que las personas con pensamientos positivos ven la vida de otro color, rechazan de plano lo negativo y encuentran las partes buenas en todo lo que les pasa y las rodea.

Por eso la gente dice que no hay mal que por bien no venga y que solo cayendo se aprende. Y es que, en realidad, cada caída, cada dolor que nos toca enfrentar ha sido parte de un aprendizaje que a la larga sirve para convertirnos en personas más fuertes. Lo importante aquí no es la caída o el dolor, por más intenso que sea, sino levantarnos y reconocer las lecciones que nos permitirán comenzar de nuevo con optimismo y evitar que nos volvamos a caer.

ALGUNAS RECOMENDACIONES

A continuación, quiero compartir contigo una serie de recomendaciones que te ayudarán a reinventarte y desarrollar una buena actitud ahora que comienzas una nueva vida:

1.-Intenta ser optimista y explora nuevas opciones de diversión tanto individuales como en grupo. Si logras divertirte haciendo algo que siempre te ha gustado te aseguro que te sentirás mejor.

2.-Vuelve a contactar a tus viejas amistades, aquellas que dejaste de ver por alguna razón o sin razón alguna. Búscalas y no te arrepentirás.

3.-Encuentra actividades que te den satisfacciones o sirvan para ocuparte y procura no tener mucho tiempo libre. No olvides que el ocio no es buen compañero, sobre todo en las etapas donde vas a estar muy triste.

4.-Entra en las redes sociales, busca nuevas amistades, sal y diviértete, remodela tu habitación o tu casa, haz algunos cursos para aprender cosas nuevas o escribe un libro. Nunca es tarde para obtener nuevos conocimientos.

5.-Haz las cosas que nunca hiciste por estar demasiado enfocada en tu pareja, en tus hijos o en tu trabajo en vez de en ti misma. Esto nos pasa mucho a las mujeres. La actitud y las ganas de hacer actividades nuevas es lo más importante en esta nueva etapa de tu vida. En mi caso, por ejemplo, a mí me parece que no hay nada más sabroso que planificar viajes con amistades. Así que pon de tu parte y ábrete a lo nuevo.

6.-Cada vez que tengas pensamientos negativos sobre tu relación fallida o los llamados fracasos, no te victimices ni sientas lástima por ti. Evita el síndrome de "pobrecita yo". Si este es tu caso, entonces te recomiendo cambiar tu actitud de inmediato.

7.-Si empiezas a recordar las cosas malas que tu pareja te hizo, repasa cada uno de los momentos que recuerdes y piensa en que, gracias a Dios, esa persona ya murió para ti y que jamás volverás a pasar por eso. Debes entender que todo lo malo te sirvió de aprendizaje para saber cómo, de ahora en adelante, sobrellevar las situaciones parecidas que puedan llegar a presentarte en tu nueva vida. Concéntrate en lo bueno que viviste y disfrutaste y así las cosas malas no se verán ni se sentirán tan dramáticas o nefastas.

En fin, no olvides que cuando alguien muere, al principio su recuerdo nos causa mucho dolor. Tanto así, que en algunos casos ni fotos podemos ver de esa persona. Sin embargo, todo pasa al transcurrir el tiempo. El recuerdo que al principio nos causaba tanto dolor, después de un tiempo dejará de hacerlo. "Hoy lo recuerdas con dolor y mañana lo recordarás sonriendo". Ese es el mejor consejo que puedo darte y también es el mejor pésame que jamás escuché. Aplícalo contigo misma. Y no olvides que para enviudar y empezar de nuevo primero debes sepultar al muerto y evitar sentir nada más por la persona que tanto daño te hizo. Solo así podrás dejar el pasado atrás y te será muchísimo más fácil reinventarte y comenzar una nueva relación o una nueva vida. Y esto, para mí, es lo más importante.

PALABRAS FINALES

Pensarás que este libro fue escrito solo para hablar de las mentiras y las relaciones de pareja en mi vida, pero no es así. Las mentiras están presentes en todos los aspectos de nuestras vidas, en la familia, la política, la religión, la sociedad, la escuela, las amistades, desde nuestra niñez y hasta nuestra vida adulta.

Partiendo de esa base, tenemos que vivir tratando de entender por qué la gente miente, por qué lo hacen, en qué situaciones se pueden o no justificar las mentiras y una vez que podamos entender el porqué y el para qué, podremos sobrellevar cualquier situación en que las mentiras nos perjudiquen.

Es muy importante, que desde que somos niños nos inculquen qué es bueno, qué es malo y cómo enfrentar nuestras decepciones y desengaños.

Desgraciadamente a lo largo de nuestra vida, tendremos un poco de cada uno de estos. Pero eso no importa, estamos claros de que así será. Este mundo no es perfecto, pero lo que sí tenemos que lograr y transmitir es cómo salir hacia adelante con el menor trauma y sufrimiento posible y tratar por todos los medios de que así sea. Estoy convencida de que hay que entrenarse para ser feliz y para aprender a no sufrir y saber a su vez cómo reaccionar en todos los posibles contratiempos que se nos presenten.

Yo particularmente quise compartir la historia de mi vida porque siento realmente que lo que he vivido y sentido merece ser compartido, y lo pienso porque mi vida ha sido como una novela o una película. No una mala, ni buena, simplemente muy interesante. Diferente a la de mucha gente, nada monótona, con un guion totalmente distinto, en el que todos los participantes, cada uno de ellos, sabía de secretos, misterios y mentiras que fueron guardando y ocultando durante años, hasta que alguien, sin pensarlo o con la peor de las intenciones, me dio una pista para poder descubrirlos.

Aquí aplica mucho el refrán popular que dice, que entre cielo y tierra no hay nada oculto. En mi caso así fue. Claro está, yo logré descubrir muchas cosas porque siempre he sido muy terca. Cuando algo se me mete en la cabeza, no descanso hasta descubrirlo. Esto me ayudó mucho con el tema de la búsqueda de mi identidad, que es el secreto mejor guardado de la historia y que aún no he logrado descubrir en su totalidad, pero que trataré de hacerlo como sea. Ojalá me alcance el tiempo para conseguirlo.

Por el lado de mis padres, una foto en mi álbum de infancia, que es impresionantemente bello, hecho con la mayor dedicación y amor, me dio una pista: Una foto que siempre me confundió por estar totalmente fuera de contexto por su fecha, por la que varias veces pregunté y siempre obtuve por parte de mi mamá respuestas que no tenían sentido, que yo siempre pensé que no eran ciertas.

Por el lado familiar, desde niña siempre me sentí diferente al grupo de primas, era distinta físicamente, no en extremo pero yo me sentía distinta, sobre todo en carácter y personalidad. De mis tíos, no sentía que me quisieran; no todos, solo algunos.

Todos esos sentimientos y dudas hicieron que todo se concretara aquel día viendo la propaganda televisiva de Ancestry y decidiera hacerme la prueba de ADN que me dio el chance de por fin saber quién soy.

Ahí empezó realmente la confirmación de todas mis sospechas y ya de adulta, bien adulta, logré encontrar a mi gran familia por parte de padre: 19 tíos, más de 200 primos. Yo buscaba a una familia normalita y encontré casi que a un pueblo entero. Lo pienso y no puedo parar de sonreír.

Por otro lado, las mentiras con mis parejas, infidelidades y decepciones fueron algo imposible de evitar y de predecir. Todos las sufrimos en algún momento de nuestras vidas, suceden cuando suceden, si no te enteras como la mayoría de las personas, pues no ha pasado nada. Si te enteras, como fue en mi caso, sufrirás. Desde luego que sufrirás. No eres de goma, pero si eres fuerte y estás preparada para lo peor y estás de alguna manera entrenada psicológicamente, lo podrás superar y volverás a tomar, después de un tiempo prudencial, las riendas de tu destino.

También quiero que sepas que, a pesar de todo lo que he expresado en estas páginas, siempre me he considerado una mujer muy afortunada. Sé que existen muchas maneras de contar una historia y que la mía, así como la de cualquier otra persona se puede contar de forma bonita o de forma menos bonita.

Ahora sé que nacimos para ser felices, que la felicidad nadie te la da, que la tenemos en nuestro interior, que podemos compartirla con quien queramos o escojamos, que nuestra actitud hacia la vida es lo más importante y es solo nuestra y que, si eres feliz o infeliz, eso lo decides tú. Así que vive tu duelo, aprende a reinventarte y comienza desde ya disfrutar de tu nueva vida.

FIN

CONTACTA A LA AUTORA:
China Thomas
chinathomas2022@gmail.com

PRIMERA EDICIÓN

MIAMI 2022

Copyright © 2022 China Thomas

**PRODUCIDO Y
PUBLICADO POR:**

edicionesdelaparra.com
edicionesdelaparra@gmail.com